EL EFECTO "MUSK"

SECRETOS PARA HACKEAR LA MENTALIDAD,
AUTODISCIPLINA Y FUERZA DE VOLUNTAD DE
LOS EMPRESARIOS MÁS EXITOSOS DEL
MUNDO

GERALD CHRISTIAN

Edited by
EDITORIAL ASHK'A

UN REGALO ESPECIAL PARA TI

Muchas gracias por tu voto de confianza.

Nuestra visión con Editorial Ashk'a es poder equipar al emprendedor joven con herramientas y conocimientos para que triunfen en la era digital.

Por esto, y como muestra de nuestro agradecimiento, queremos enviarte nuestro libro *Descubre tu pasión y contágiala al mundo entero* completamente GRATIS.

Dale clic abajo para recibirlo directamente en tu correo:

https://www.subscribepage.com/descubretupasion12preguntas

No olvides unirte a nuestra comunidad de emprendedores:

https://www.facebook.com/groups/396918351016999

¡Espero que te guste!
Gerald Christian
Fundador de Editorial Ashk'a

INTRODUCCIÓN

El mundo está lleno de múltiples talentos, habilidades y cualidades orientadas al fortalecimiento de la propia evolución humana. Seres humanos capaces de cambiar todo a su alrededor, cuya fuente primordial son las ideas de sus mentes geniales. En el pasado han existido hombres capaces de transformar la realidad, creando sorpresivos inventos, cuestionando lo imposible e inimaginable, fomentando el progreso de una humanidad concebida por la inteligencia, seres inteligentes capaces de impactar la propia realidad. La curiosidad del hombre ha propiciado nuevos hallazgos, nuevas visiones, nuevos inventos y sobre todo millares de razones para soñar con una utopía perfecta.

Si viajamos en el tiempo, podemos hacernos una idea de lo importante que ha sido el empeño de los genios y los innovadores, si no fuese por aquellos hombres capaces de usar su gran inteligencia para cambiar el entorno, nuestra vida como la conocemos ahora estuviese resumida en una existencia estancada, aún viviéramos en la edad de piedra. Con la invención del fuego hace 600.000 años, comenzó el auge de nuevos descubrimientos por nuestros ancestros, ya sea la creación de vestidos de pieles, lanzas de maderas, útiles de piedra sin labrar, hachas de mano, cuchillos, raspadores y puntas de lanza, todo esto concebido en el paleolítico inferior. Después en el paleolítico medio, aquellos inventos tomaron un nuevo respiro, los objetos de hueso obtuvieron el protagonismo en la prehistoria. La llegada del paleolítico superior estuvo precedida por la creación de pinturas, figuras de arcilla, arcos, flechas, chozas de madera, martillos y redes para la caza de pescados en los ríos.

En la edad antigua, los materiales ocultos en las entrañas de la tierra tuvieron un protagonismo crucial, así como la invención del vaso, los barcos de vela, la fundición del hierro, el retrete, el acueducto, las cucharas, la moneda y el molino. Es aquí en donde la estructura de una sociedad organizada pasa a ser una sociedad social, económica y con destellos orientados a la fomentación del estudio de los diferentes puntos de nuestra realidad. El conocimiento fue una base fundamental para que nuevos innovadores se fueran sumando a una cadena de genios con una inteligencia prodigiosa. Para la edad media, muchos inventos se habían realizado, la vida cómoda y lujosa por parte de los gobernantes y reyes era prodigiosa, pero se estaba desarrollando múltiples descubrimientos en tantos ámbitos de la vida humana, y todo era basado en "las necesidades humanas", o más bien, la necesidad de encontrar tantas formas para hacer la vida cómoda y fácil.

Inventos como: La pólvora, la brújula, las granadas y demás artefactos militares, estaban a merced de una crisis social a nivel mundial, y a una guerra sin precedentes, pero no nos vamos a detener en este aspecto ya mencionado en los libros de historia, sino en la magnífica inteligencia del hombre para innovar y visionar en un mundo prometedor, por eso mencionamos con anterioridad el proceso creativo del propio ser humano a través de la historia. Grandes prodigios como Benjamín Franklin, Nikola Tesla, Albert Einstein y demás científicos destacados que en el pasado dejaron una huella que aún permanece en nuestro presente, y que serán recordados por muchas generaciones futuras...

Muchas personas desean cambiar el mundo, tener esa chispa, esa fuerza necesaria para enfrentar un mundo en donde creemos que ya todo existe, o incluso muchos piensan que el mundo está en contra de ellos, pero en realidad existen tantas formas de visionarnos a obtener una verdadera recompensa, es allí en donde las personas se preguntan, ¿en dónde conseguiré las bases para cumplir ese gran sueño? ¿Por dónde comenzar a gestionar los ideales? ¿Cómo se obtiene el éxito? O incluso, ¿cómo se puede cambiar una mentalidad mediocre a una emprendedora? Son preguntas que muchas personas se han hecho a lo largo de sus vidas, sobre todo cuando observan el éxito de renombrados empresarios, y piensan que es muy difícil llegar hasta ese pedestal llamado: Éxito. Tú que lees las páginas de este libro, quiero que sepas algo muy importante, tú puedes llegar a tener todo lo que te propongas, pero es importante empezar por estudiar la forma de obtener esa prosperidad anhelada, si estás aquí es porque quieres un cambio, quieres cambiar tu realidad y transformar todo lo que te rodea en tu propio beneficio, si así es, estás en el lugar correcto.

Para empezar con el propósito de transformar la realidad y obtener frutos de tu voluntad emprendedora, hay que escudriñar los secretos ocultos por los grandes empresarios, es fundamental descubrir cómo obtuvieron esa destreza en los negocios y sobre todo recoger aquellas ideas, tips, acciones recomendadas para entrar a esa mentalidad emprendedora, capaz de darte todas las cosas que has soñado desde niño. Por eso, en las páginas de este libro nos centraremos en los ideales innovadores de una de las personas con más visión al futuro, tal vez escuchaste su nombre, lo has visto en las noticias, en sus videos o en el periódico, o tal vez no lo conozcas aún, pero este personaje tiene sus ojos puestos en el futuro de la humanidad, en el cielo, ¡este personaje ya quiere vivir en el futuro! ¿Sabes de quién estamos hablando?

Sin duda, esta descripción hace referencia a uno de los empresarios con más visión futurista del mundo, Elon Musk. Este hombre ha sido capaz de transformar su entorno, con nuevas ideas vinculadas con la tecnología y sus usos fiables con el progreso de la humanidad, pero no solo eso, este personaje se ha preocupado por nuestro bienestar y busca impulsar a la humanidad a una proyección real del futuro, en donde también se proteja la integridad propia del planeta con ciudades inteligentes, tanto es su empeño y sus ganas de cambiar el mundo que se ha vuelto uno de los millonarios más importantes del mundo. En las páginas de este libro tú vas a descubrir todos los secretos que oculta este empresario, sus ideas, sus proyecciones, su forma de ver la vida y sobre todo, cómo se hizo rico con sus ideales e invenciones.

Este libro ha sido creado para personas con espíritu emprendedor, que tengan ganas de aprovechar sus grandes talentos y de esta forma impactar de forma positiva a un sistema corroído por la violencia, la desigualdad y la injusticia. Cuando termines de leer este libro tu mente se ampliará a nuevos horizontes, tendrás las ganas de aprovechar tus cualidades, tus talentos y habilidades en todos los sentidos, pero no te preocupes si no conoces tus habilidades, aquí encontrarás la forma de descubrir el talento que ocultas, tendrás las bases para comenzar a cumplir tus sueños, tus anhelos y cambiar tu vida estancada... Musk es el paso a seguir en la próspera vida del entorno empresarial, descuida si no sabes nada de emprendimiento, este espacio es exclusivo para ti, para que aprendas desde cero a ser un visionario dispuesto a ensancharse hacia el mundo, olvidando las inseguridades y los lazos negativos de este sistema.

En las páginas de este libro descubrirás la visión y el sentido gigantesco de Musk, convirtiendo tus ideas en un muro inaccesible en contra de los pensamientos negativos o la decepción de opiniones hirientes, muchos te dirán que estás loco e incluso de que no lo lograrás, pero es allí en donde un emprendedor debe abrir los ojos y aferrarse a sus sueños e ilusiones, creando un "traje a prueba de balas", por decirlo de alguna forma, esto te ayudará notablemente a la hora de hacerle frente a los "no", al rechazo o al fracaso, recuerda que cualquier emprendedor en el mundo ha pasado por lo mismo que tú, o incluso peor, han pasado por esa sensación de sentirse menospreciados, o rechazados por sus innovaciones e incluso marginados, a pesar de eso, los mismos resultados hablan por sí solos, la mayoría de emprendedores que no se han rendido ante la implacable desmotivación y la falta de voluntad, ahora son las personas más ricas del mundo o tienen empresas exitosas. Tú aprenderás todas estas cuestiones de la mejor manera.

También encontrarás muchos mecanismos empleados por Musk a la hora de desempeñarse en sus proyectos e ideas, el uso de la llamada: "Deep Work", o en su interpretación en español: "Trabajo Profundo". Profundizaremos en esta estrategia para lograr una concentración adecuada, como resultado gestionarás de forma rápida todos los proyectos que tienes en tus manos e incluso florecerá con esto la calidad del proyecto, aprenderás a desarrollar de manera óptima la concentración y sus beneficios más importantes, encontrado una gran información y obviamente, usando información precisa y certera sobre el tema planteado, teniendo en cuenta la fidedigna información encontrado en el libro *"Deep Work" de Cal Newport*.

Por otro lado, analizarás en este libro una cuestión importante: Las razones por la cuales Musk es un efecto positivo o una figura a seguir en el emprendimiento, y el cómo se diferencia de los demás emprendedores, descubriendo las cualidades innatas de un visionario y la de un emprendedor con visión hacia un futuro prometedor lleno de progreso y optimismo. También tú descubrirás la forma en la que Musk maneja el estrés, las frustraciones y la presión comunes de la vida diaria, esto es de suma importancia a la hora de desear cambiar tu vida, porque el estrés es un arma capaz de destruir los sueños y los emprendimientos, tanto es su fuerza que ha desaparecido ideas innovadoras, por eso usted será capaz de contrarrestar estos males orientados al fracaso.

Este libro es un gran arma para alcanzar muchas metas, de pensar en grande, de dejar el fracaso atrás, y sobre todo de desarrollar en cada ser el espíritu visionario que necesita el mundo, ¿quieres romper con todos los paradigmas? ¿Quieres cambiar tu vida y ser un impacto social? ¿Quieres hacer cosas innovadoras, pero no sabes cómo? ¿Quieres demostrarle a todo el mundo que eres la esperanza de la humanidad? Pues, ¡estás en el lugar correcto! ¡Prepárate para alcanzar todos tus sueños con el efecto "Musk! ¡Es hora de triunfar!

CAPÍTULO UNO

VISIÓN Y SENTIDO DE PROPÓSITO

En este capítulo, aprenderás acerca de la visión, sus formas, sus herramientas y su relación con el emprendimiento, y cómo esto ha ayudado a Musk con sus inversiones y genialidades. La visión tiene muchos secretos profundos, te puede dar las pautas que necesitas cuando tienes esa iniciativa e incluso la proyección de aquella idea fecundada en tu mente. Esa misma proyección te ayudará a tener la voluntad de hacer tus sueños realidad, junto con la genialidad de Musk.

Por otro lado, aprenderás sobre la necesidad de inculcar el sentido de un propósito, en todos los aspectos de la vida, pero es importante tener la atención enfocada en el emprendimiento y cómo esto es la pieza primordial para luchar y tener las fuerzas o agallas necesarias para luchar por tus sueños sin caer en desmotivaciones inoportunas o en vacíos existenciales. ¡Es hora de descubrir las grandes oportunidades y beneficios de ser un visionario!

Es hora de empezar con la definición de visión, y no desde el contexto anatómico o artístico, del cual tienen planteada la visión como la capacidad de ver a través de los ojos, sino en realidad se está hablando de la visión desde el contexto empresarial, ¿Qué quiere decir esto?

La visión empresarial se define como la capacidad de visualizar el futuro de un proyecto, idea o iniciativa, es parecido a la indagación del camino a seguir para lograr una meta e incluso es la dirección en que el individuo se enfoca para llegar a la victoria ya sea a mediano y a largo plazo. Además, la visión es como una guía ya proyectada en la mente para satisfacer la necesidad del triunfo, de los resultados y sobre todo del premio a conseguir a futuro, pero ojo con esta parte, las expectativas deben de ser lo más realista posible, sin entrar en realismos contradictorios, esto quiere decir que el individuo debe priorizar metas reales, sin olvidar que lo imposible es posible, en otras palabras, lo que alguien cree imposible usted puede transformarlo en algo tangible, en algo real que exista en la realidad, sin perder nunca el verdadero rumbo. De todo esto nace la visión empresarial, la verdadera visión de proyectar a futuro un proyecto fructífero. Ahora, ¿qué te puede enseñar los ideales de Musk sobre la visión? Es hora de descubrirlo.

Antes de comenzar a escudriñar los secretos que esconde Musk acerca de la visión y el sentido de propósito, hay que tener claro todo acerca de este personaje, posiblemente tú no conozcas muchas cosas acerca de Elon Musk, o incluso hayas visto noticias acerca de sus logros, de su vida personal o de sus genialidades, por eso primero verás todo acerca de la vida de Musk, esto te será útil porque su vida te puede conducir a no cometer los mismos errores, a aprender el sacrificio, el verdadero camino hacia la victoria y sobre todo los secretos para llegar al éxito y tener una fortuna inmedible. ¡Prepárate para conocer la vida de Elon Musk!

La vida de Elon Musk

Elon Musk nació el 28 de junio de 1971 en la ciudad de Pretoria, Sudáfrica. Hijo de Errol Musk y Maye Musk, él ingeniero y ella nutricionista y modelo. Desde muy niño el multimillonario se ha destacado por una mente prodigiosa y una inteligencia descomunal para un niño común. A la edad de 10 años empezó a estudiar programación por cuenta propia, su curiosidad y ganas de aprender lo hicieron adquirir un notable conocimiento en desarrollo de software, por eso a los 12 años finalizó su primer videojuego llamado, Blastar, y lo vendió por 200 dólares, pero su infancia no fue tan magnífica como se podría imaginar, en ese tiempo sus compañeros de clases comenzaron a hacerle bullying, recibía burlas de estos en la escuela, lo veían como un bicho raro, porque él tenía un pensamiento diferente y los intereses de Musk eran otros... No solamente eso lo indujo a caer en un vacío existencial, sino, que se fueron sumando muchas cargas para su pequeña vida, Musk empezó a leer Nietzsche y Schopenhauer, por ende sus pensamientos sobre la existencia misma era vacía. La filosofía y las dudas metafísicas eran para aquel niño algo de suma importancia, pero, ¿qué tenían o qué creían estos autores capaces de poner a dudar a Musk sobre la vida?

Para Nietzsche el empirismo era una base fundamental para comprender la existencia, desde el punto de vista moral, y no solamente articula su comprensión a meros conceptos, para este autor la vida es imprescindible, el cual la propia existencia se recrea y se reinterpreta con una herramienta primigenia de la humanidad, esto es el poder de la palabra. También muchos críticos y expertos puntualizan en lo siguiente:

> Friedrich Nietzsche es considerado como uno de los filósofos alemanes más relevantes del siglo XIX. Algunas de sus obras más importantes son El origen de la tragedia (1872) y Así habló Zaratustra (1883). Llevó a cabo una crítica de la cultura, filosofía y religión occidental la cual basó en el análisis de actitudes morales e inmorales hacia la vida, afectando e influyendo posteriormente en las siguientes generaciones. (Alberta Rafaela, 2016)

Por ello, los planteamientos de este filósofo han enmarcado las generaciones que trascendieron después de su muerte. Pero, Schopenhauer no se queda atrás, mientras que Nietzsche asume la importancia de la vida y la defiende a capa y espada, por decirlo de alguna forma, Schopenhauer es todo lo contrario, a pesar de caracterizarse por ser un filósofo de la vida, este visualiza y enfatiza la vida de una forma sombría, pesimista e incluso desde una perspectiva negativa, vinculando a la existencia en una representación concebida de la racionalidad, es decir, la realidad absoluta o suprema se encuentra detrás de lo aparente, de lo genuinamente obvio, en la propia subjetividad y corporalidad del individuo, sujetándolo por capricho. En pocas palabras este autor cuestiona algunas afirmaciones netamente espirituales, de "espacios etéreos", inculcando en sus planteamientos la inexistencia de lugares preconcebidos, del cual no conoce el individuo desde su conocimiento subjetivo, pero existe algo que encamina a este autor a cuestionarse sobre la existencia misma.

Este autor afirma que la vida cotidiana es una mera ficción, en donde se esconde algo profundo que desconoce toda la humanidad, en pocas palabras para Schopenhauer el mundo es una ilusión, con una verdad desgarradora y sombría. Es allí en donde estos autores se diferencian, el primero percibe la vida de forma genuina, y el segundo, la infunde de misterio y de decepción, esto es como un destello de luz frente a la sombra de una oscuridad abrumadora. Sin duda, el mundo conoce los pensamientos de estos dos grandes personajes de la filosofía sobre voluntad del ser.

Según lo anterior, has visto la razón por el cual Musk dudó mucho de su propia existencia, esta situación se puede comparar mucho con las teorías conspirativas que muchas veces puedes observar en las redes sociales o en aplicaciones de videos, en donde se asume una postura en contra de un sistema dominado por la injusticia, por el sometimiento, por una matriz expansiva e impenetrable, capaz de cegar la vista de sus propios huéspedes, en donde los individuos hacen lo mismo cada día sin un sentido lógico o una esperanza futura. Musk sabía que su vida iba a ser diferente, pero él sería capaz de seguir adelante a pesar de todos los obstáculos que estaba enfrentando en su corta vida.

Continuando con la historia de Elon Musk, en esos mismos años comenzaron a ocurrir problemas con sus padres, y más que todo con su progenitor, no existía ninguna comprensión por parte de su padre hacia él. También los problemas comunes de sus padres era el pan de cada día, discusiones, humillaciones y demás repercusiones propias de una pareja al borde de una crisis. Por eso a los 17 años, y al terminar su secundaria en su ciudad natal, emprendió un viaje hacia Canadá, para vivir con su madre, en ese tiempo sus padres se habían divorciado. El joven Musk estaba decidido a dejar su pasado atrás y a enfrentar su presente con optimismo. En 1992 obtuvo una beca, y comenzó a estudiar Administración de empresas y física en la Universidad de Pensilvania.

El joven quería estar mezclado con ideas que cambiarían el mundo, su pensamiento de querer impactar su propia realidad y transformarla en una genialidad fecundaba su mente peculiar, tantas eran sus preguntas que hacía pensar a sus compañeros de Universidad y a sus profesores sobre el futuro de la humanidad, así como lo reconocen muchos estudiosos sobre la vida de este prodigioso hombre:

Se graduó -becado- en la Universidad de Pensilvania en Administración de Empresas y Física. "Quería estar involucrado en ideas que cambiaran el mundo", recordó de sus épocas de estudio. Como cuando de niño probaba a sus padres con preguntas existenciales, a sus profesores y compañeros de carrera solía preguntarles "¿cuáles son las tres cosas que tendrán mayor impacto en el futuro de la humanidad?". Musk creía que Internet era a la sociedad lo que el sistema nervioso al humano. Corría 1995 y aspiraba alto: soñaba con trabajar en AOL, la compañía más candente del momento. A pesar de su persistencia, no lo contrataron. (Milton Del Moral, 2017).

Las palabras anteriores revelan claramente que Musk era un visionario y que veía el Internet como una oportunidad enorme de cumplir todos sus sueños, sus metas y objetivos, él sabía que esta nueva tecnología era un pez gordo que él no podía dejarlo pasar, su curiosidad, su intuición y sobre todo su perspectiva futurista lo hizo detallar la gran oportunidad de enfocarse en una nueva tecnología capaz de cambiar el mundo en el futuro.

Al poco tiempo Musk recibió su título de Whartoon Scholl, permaneció un tiempo más en la Universidad y de esta forma el brillante joven obtuvo su segundo título en física. Su gran ímpetu y su visión con el Internet, las innovaciones y oportunidades vinculadas con el gran invento de la red lo encaminó a enfrascarse en aquello. Por eso Musk junto a su hermano fundaron Startup Zip, un sitio web encaminado a prestar servicios virtuales y/o contenidos interesantes, más allá de ser un sitio de contenidos, Startup era una plataforma en donde compañías pudiesen fomentar sus servicios comerciales y que otros clientes lo viesen... Pero, lo asombroso no es eso, sino la inversión inicial que tuvo la plataforma, ¿quieres saber cuánto de inversión tuvo? Pues, apenas invirtieron 2000 dólares para montar en Internet una de las primeras compañías de contenidos en la web, y por si fuera poco, Musk consiguió muy buenos clientes e incluso empresas de prestigio interesados en los contenidos de la plataforma. En el año de 1999, Musk vendió la plataforma por más de 300 millones de dólares, esto hizo que el joven visionario empezara a ganar tanto dinero por su genialidad. El Internet fue para Elon una catapulta hacia el éxito.

Tú te preguntarás, ¿qué hizo Elon con todo ese dinero? Lo mismo que haría una persona inteligente, invertir e invertir... Por eso fundó una sofisticada e innovadora plataforma de pagos electrónicos, su primer nombre fue X.com, pero hoy en día todo el planeta lo conoce con el nombre de PayPal, una de las plataformas más importantes, más segura y sobre todo más accesible a nivel mundial, literalmente PayPal se ha convertido en la más importante plataforma para transferir dinero internacionalmente de forma fácil y sin intermediarios, su seguridad es tan alta que se pueden realizar negocios de manera confiable. Su plataforma tuvo tanto éxito que Ebay decidió comprarlo con la exquisita suma de 1500 millones de dólares. Hasta ese momento el éxito de Musk iba en aumento, compañías poderosas estaban observando todas sus hazañas e invenciones magníficas, la mente brillante del joven lo estaba llevando a un futuro prometedor.

Su vida personal y sus proyectos de cambiar el mundo

Musk estaba convencido de que sus ideas cambiarían el mundo, por eso ahora es director ejecutivo de Space X, Solar City y Tesla, son su mayor joya en todos sus negocios realizados en su vida. Esta parte es crucial en la vida del genio Sudafricano, pues su meta es desarrollar tecnología capaz de frenar el calentamiento global, a través de estrategias orientadas a la creación de innovaciones cuya fuente son las energías renovables, por eso a él se le atribuye la creación del primer automóvil económicamente viable, pero esto no es solamente su mayor sueño. Para algunas personas del mundo puede ser algo imposible e incluso son las mismas que dudan acerca de la llegada del hombre a la Luna, Musk quiere y anhela que la humanidad viva en el futuro y que se comience a pensar en colonias humanas en Marte, por este motivo ha crecido su obsesión por crear transbordadores confiables a bajo costo.

Space X es una empresa que desarrolla cohetes a bajo costo, con un cien por ciento de confiabilidad, esto lo ha relacionado con una de las compañías más importantes del mundo, conocida como la NASA, en el cual ha realizado vuelos a la Estación Espacial Internacional como transporte de carga. Con Space X, Musk sueña con fortalecer las misiones de la humanidad hacia allá arriba, el cielo del universo.

Por otro lado, su empresa Tesla Motors es una compañía orientada a la creación de autos confiables y amigables con el medio ambiente, ya mencionado anteriormente, con Tesla desarrolló un automóvil eléctrico, que sin duda es una revolución en un mundo en donde el 95% del transporte se mueve por combustibles fósiles. Esto es confirmado por el mismo Musk en muchas de sus entrevistas, cuando la revista Emprendedores de España le preguntó a Musk sobre cuál era la diferencia de sus innovaciones en Tesla contra sus competidores esto dijo:

> Tesla está construyendo la mejor tecnología de propulsión eléctrica en el mundo. Estamos decididos a seguir y a lanzar al mercado los mejores coches jamás existentes. Esto convierte a Tesla en una empresa única. Levantamos 226 millones de dólares en la primera OPV del sector automóvil de EEUU en más de 50 años, en medio de la crisis. Además tenemos acuerdos con dos de las más respetadas empresas del sector automovilístico, Daimler y Toyota, para ayudarles a desarrollar sus vehículos eléctricos. (Musk, 2013)

El comentario del mismo Musk muestra una clara exigencia para un mundo acostumbrado a moverse con energías no amigables con el medio ambiente, recuerda que actualmente existen problemáticas vinculadas con el bienestar y la preservación del planeta, en donde los gases de efecto invernadero están ocasionando un debilitamiento en el ozono, por eso Elon se determina en transformar ese tipo de energías dañinas a energías limpias, porque si se sigue así, pronto el propio ser humano acabará con todo el planeta y la vida misma. Musk es un visionario, muchos lo llaman "el que quiere salvar a la humanidad", esto es de suma importancia, porque él tiene un propósito y su mente se encuentra orientada a volver realidad su gran sueño, el de salvar a la humanidad.

Por su parte, su empresa Solar City es un gigante dispuesto a cambiar la energía del mundo, su intención es usar energía solar para el día a día, esta compañía se dedica a colocar paneles solares en los techos de las casas, pero teniendo en cuenta los bajos costes que esto conlleva, por eso Musk ha obtenido diversas alianzas para mantener la viabilidad económica del proyecto y a la vez busca una eficiencia genuina. En los primeros años, esta empresa quería tener clientes e intentó seguir un modelo de financiamiento un poco recursivo, esos clientes no pagarían nada por la instalación, sino más bien dicho monto lo pagarían por cuotas a largo plazo, este tipo de financiación propició pérdidas en la empresa por cerca de 300 millones de dólares, pero Musk no se quedaría con los brazos cruzados al ver a su empresa caer en una rotunda pérdida de dinero, en consecuencia las directivas formaron alianzas con grandes empresas de Wall Street, buscando una financiación para crear miles de sistemas de paneles solares, de esta forma el nuevo sistema de pagos era a través de un bono en donde los inversores podían comprar el producto.

Sin embargo, la inteligencia de Musk sobrepasó lo común, este hombre ha sido capaz de crear alianzas con el mismo gobierno de los Estados Unidos para usar energías renovables, por eso firmó un contrato para que casas militares tuviesen paneles solares, cambiando el rumbo de ser una empresa minorista a transformarse en una compañía mayorista, no obstante, es un gran reto convertir o llenar el mercado con tecnologías nuevas, según un análisis sobre la entrada de Solar City en el mercado de los paneles solares, esta ocupa algo más del 25%, por eso este negocio está proyectado en ser uno de los más grandes a largo plazo. Solo el tiempo demostrará si las personas están preparadas o mejor dicho, si el mundo está preparado para asumir y usar nuevas tecnologías para el cuidado del medio ambiente, Musk es como ese prodigioso genio que quiere un futuro prometedor para su especie.

Por otro lado, existe una empresa en el cual Musk ha priorizado gran parte de su fortuna, esta empresa se llama: Halcyon Molecular. Esta compañía es de biotecnología, en principio su objetivo era secuenciar el genoma humano en un cien por ciento, todo esto orientado a encontrar la fórmula para eliminar muchas enfermedades, inclu-yendo nuevos hallazgos futuros sobre los misterios que encierra el ADN humano.

La vida de Musk ha enmarcado una nueva generación que sueña con lo imposible, con lo increíble y sobre todo con las ganas de mejorar el mundo, ya sea a través de inversiones a empresas solidarias con el medio ambiente, a la creación de empresas cuyo objetivo es volver realidad las diferentes ideas ya mencionadas anteriormente, carros eléctricos, colonias en Marte, uso de paneles solares en el techo de cada vivienda en el mundo, para algunos todo esto es sacado de una película futurista, pero la verdad es que aquellos sueños difíciles de creer se están haciendo realidad con Elon Musk.

A pesar de su criticada vida personal e incluso de su peculiar familia, esta situación no lo ha afectado a la hora de realizar sus negocios, según la revista Forbes, Musk ocupa el puesto número 54, para el año 2018, pero en el 2019 ocupa el número 41, fruto de sus grandes inversiones. Hablar de la vida personal de Musk es como tirarse a nadar en una piscina llena de algas, pues su vida no ha sido perfecta como algunas personas podrían pensar al ver su cuenta bancaria, la realidad es que la infancia de Musk fue difícil, así como el mismo emprendedor lo expresa: "Sería correcto decir que no tuve una buena infancia", y más aún con los problemas con su padre, quien ha sido su dolor de cabeza hasta el punto de hacer que sus hijos no conocieran nunca a su abuelo Errol. De la vida sentimental del emprendedor se podría decir que ha estado inestable, conoció a su primera esposa Justine Wilson, en la Universidad de Ontario, se casaron en el año 2000, después de 8 años, Elon comenzó a salir con una actriz llamada: Talulah Riley, pero esta relación duró solamente dos años. Más adelante tuvo otro divorcio, sin embargo, se le conoció otra relación y era la expareja de Jhonny Deep, el reconocido actor que ha interpretado muchos papeles en la gran pantalla. El nombre de la mujer era: Amber Heard, también actriz. Lamentablemente su amorío duró 1 año, después de que todos se enteraron. Estas relaciones inestables propiciaron en el emprendedor cierto pensamiento de dependencia emocional, y un deseo de no sentirse solo.

Con la vida de Musk se puede aprender que tener una infancia difícil, una vida un poco turbulenta o incluso una familia disfuncional no es excusa para fracasar. Este hombre estaba dispuesto a todo o nada para alcanzar sus metas, sus ambiciones fueron tan grandes que su vida emocional pasó a un segundo plano. Debes recordar que la vida de nadie es perfecta, todos los seres humanos tienen defectos, se equivocan, por eso es importante analizar internamente las debilidades y errores para potenciar la voluntad y la visión. Hasta aquí has visto gran parte de la vida de este gran visionario, ahora verás los secretos del éxito en su mayor interpretación, la visión empresarial te dará el primer paso para hallar el triunfo.

Visión empresarial de Musk

Como vimos en párrafos anteriores, se puede definir la visión empresarial como la facultad de proyectar de forma gradual a través de una idea el camino clarificado hacia el triunfo de aquella idea innovadora, por ejemplo, muchas veces puedes escuchar las ideas de otras personas e incluso leerlas en alguna red social o blog, pues con una visión empresarial puedes detallar aquella idea y darte cuenta si tiene una viabilidad económica y financiera, o más bien puedes darte una idea de si un proyecto tiene un buen camino o no, pocas personas tienen ese talento, ¿quieres desarrollar ese don de la visión empresarial? ¡Prepárate, esta información es para ti!

Musk ha enfocado su visión empresarial en tres pilares: Internet, el espacio y los vehículos eléctricos. En pocas palabras la visión de este gran emprendedor es empezar una transición de una economía acostumbrada a utilizar elementos destructivos para el medio ambiente a una economía más futurista y más familiarizada con el cuidado del medio ambiente, Musk sabe que existe una problemática mundial, y que a futuro la humanidad intentará suprimir los efectos adversos de un pasado fundamentado en energías destructivas en el planeta, allí en ese momento el mundo tendrá su visión a aquellas empresas vinculadas con tecnologías limpias, ¡esto es muy grande!

La visión reúne los deseos, las expectativas, los sueños, las ilusiones y las metas en una sola cesta, por decirlo de alguna forma, es lo que deseamos lograr en nuestra vida, en diferentes aspectos, situados en el aspecto laboral. Todo dependerá en la planificación de acciones que el individuo se determine a cumplir y sobre todo a la puesta en marcha del proyecto. El diseño de la visión te permite plantear el futuro, idealizar en un camino fructífero capaz de darte lo que más anhelas, una libertad financiera y una empresa exitosa, también una gran fortuna. La identificación de las metas que quieres lograr, para finalmente plasmarlas en un trabajo arduo y de notable disposición en documentos empresariales, constituirá la herramienta que te servirá como guía en momentos en los que debes sortear determinadas dificultades.

La visión va más allá de visualizar el futuro, es más que todo identificar la brecha que une las acciones del presente con los resultados a largo plazo (futuro), describirlo en situaciones y hechos concretos, sitúalo en la realidad, debes recordar que una cosa es tener esa disposición o la idea en la mente y otra es proyectarlo y volverlo realidad. Muchas personas confunden el tener una idea en mente con poder realizarlo, es una coyuntura, por el simple de hecho de creer que una idea en mente se desarrolla por sí sola, la visión te ayuda a transformar esa idea a un éxito o logro a futuro, en ese lapso hay otros factores que determinan dicha transformación, esta parte se explicará en capítulos siguientes.

Analizando la forma en la que Musk logró su éxito, se puede encontrar destellos de su gran logro, pues tuvo una visión acertada sobre el Internet hace muchos años atrás, y viendo el ahora, se puede concluir que el Internet es una de las herramientas más importantes a nivel global, ha creado muchos trabajos, ha fomentado una nueva línea mundial en la tecnología. Continuando con la visión empresarial de Musk, esta se puede clasificar en varios pasos:

Paso 1: Tener una mente innovadora

Todos tenemos habilidades y cualidades especiales, cada individuo tiene talentos inigualables, ya sea dibujar, escribir, calcular, nadar, y demás habilidades netamente humanas. Pues bien, tener una mente innovadora trasciende a lo común, tiene que nacer desde lo más profundo de tu corazón, debes comprometer el cuerpo, el alma y el espíritu. Para desarrollar una mente innovadora tienes que ampliar tus horizontes, no tener la mente tan cerrada, sino más bien, ampliar tu conocimiento, y no cualquier conocimiento, debe ser un entendimiento sobre tu propia realidad y tus necesidades. En pocas palabras la innovación va vinculada con un lazo llamado: Atención, ¿qué te llama la atención? ¿Cuáles son tus fuertes? ¿Cuáles son las cosas que desearías hacer? Responder esta pregunta te ayudará a escoger en qué rama de la innovación te orientaras, ya sea en tecnología, química, física, matemáticas, energías renovables, y demás.

Otra cosa fundamental para tener una mente innovadora es rodearse de personas con habilidades creativas, incluyendo a emprendedores, compartir las ideas, hacer un feedback, o también llamado retroalimentación, esto es una de las cosas más importantes para comenzar a pulir tu mente con ganas de crear cosas nuevas, un excelente socio te puede hacer ver la vida de una forma diferente e incluso juntos pueden sacar adelante un proyecto.

Usted debe tener la capacidad de creer en sus propias ideas, ho dudar ni un segundo que su idea o proyecto es un fracaso, pero si es necesario mejorarlo o potenciarlo, pues es la mejor decisión. Cuando se cree en los sueños, los demás también lo creerán. Una persona con capacidad innovadora siempre encontrará las soluciones a ciertos problemas en cuanto a sus ideales o a los obstáculos que hagan tropezar el proyecto, todo dependerá de cuán creativo sea el emprendedor.

Paso 2: Inventa e innova

Musk es un claro ejemplo de la invención, pues ha sido capaz de inventar nuevas formas de vivir en el día a día, un ejemplo de ello son los coches Tesla, del cual son eléctricos. Cada año inventa nuevas tecnologías orientadas a su interés de salvar a la humanidad, esto es parte de su visión. Aunque puede ser que esta parte se asemeja mucho al paso uno, sin duda es diferente, porque una cosa es tener una mente innovadora y otra es inventar nuevas estrategias a la hora de querer impactar los mercados mundiales. Podrías inventar un nuevo producto, o transformar algo ya inventado en un nuevo prototipo perfeccionado, todo dependerá de tu creatividad.

Paso 3: Controla el tiempo

Para Musk el tiempo es un factor crítico, el tiempo es una premisa importante a la hora de emprender, ya que el individuo hace crecer su proyecto en sintonía con el mismo tiempo que le dedica a gestionar sus ideales, el emprendedor debe ser consciente que a mayor tiempo de inversión en sus proyectos, más resultados obtendrá a menor lapso temporal, es decir, si usted le dedica un tiempo razonable a construir sus ideas y transformarlas en un proyecto, pues obtendrá a corto plazo los resultados esperados.

Por eso siempre usted nota que las personas más ocupadas son los empresarios, hasta los millonarios pasan ocupados con sus negocios, la ventaja de construir una fortuna con esfuerzo y disciplina es que a futuro disfrutará de los frutos... Imagínate viviendo en una mansión lujosa, recordando todos tus sacrificios, ahora tienes una empresa estable y personas trabajando para ti, usted está sentado en una silla lujosa mirando el horizonte y tomándose una colada, satisfecho de su gran labor en el pasado y que ahora en el futuro no le falta nada, pues bien, muchos sueñan con esa vida, pero no están dispuestos a invertir su tiempo para construir su propio futuro. Es allí en donde te puedes preguntar: ¿Cómo puedo controlar mi tiempo?

El secreto se encuentra en la forma en que administras tu tiempo y tus recursos, es decir, si llevas un orden de las horas que pasarás diseñando tu nuevo negocio o gestionando tus ideas, pero debes recordar algo importante, la concentración es un factor importante para agilizar el tiempo, ¿por qué? La respuesta se puede ilustrar con un ejemplo, imagina que estás escribiendo un libro, sin embargo empiezas a revisar el teléfono a cada rato, chateas y te distraes viendo contenido en las redes sociales, pasan los minutos, decides continuar y vuelves a agarrar el celular, llegas al punto de distraerte por completo, y te das cuenta que el tiempo destinado para tu oficio, en este caso, el de escribir un libro, no te ha rendido como querías. El ejemplo anterior es una clara muestra de las consecuencias por distraerse y perder el tiempo, si tú tienes destinado ciertas horas para desarrollar tus ideas o proyectos, debes respetarlo, porque si no lo haces, nunca vas a terminar.

Por otro lado, puede ser que ahora te encuentres trabajando con un horario de 8 horas mínimo y máximo 12 horas, dependiendo de la actividad que hagas, o del país, si tu sueño es salir de un sistema que te esclaviza y te domina, debes intentar y sacrificarte por eso, es decir, puedes disponer de Lunes a Viernes una hora en la noche para trabajar en tus ideas, si te sientes muy cansado no te presiones o esfuerces, puedes compensar el tiempo perdido los fines de semana.

Musk tenía claro de la disposición de tiempo en sus proyectos, por eso dirigió su atención al cien por ciento en sus sueños, haciéndolo de forma rápida, porque emprendedor que pierde el tiempo, como resultado pierde oportunidades, ya que habrá otros que se adelanten, él mismo tenía una frase criticada por muchas personas: "Una empresa no sale adelante con tan solo 40 horas a la semana. Al contrario, requiere todo el tiempo, la energía y el compromiso del emprendedor".

Paso 4: El poder del dinero

Todo el mundo sabe que el dinero es un pilar fundamental a la hora de empezar un negocio, ya que si no hay recursos, entonces, no se puede hacer absolutamente nada, así como lo expresan algunos analistas sobre emprendimiento en la revista Dinero:

Todo negocio requiere de dinero, el cual divide en dos niveles: 1. el dinero para operar, crecer y asegurar el desarrollo del negocio y 2. El dinero que asegure el flujo de caja del emprendedor. Ese es el gran problema: aquellos emprendedores sin capital de trabajo para asegurar su subsistencia personal. La clave del emprendimiento es liberar el tiempo para el negocio. (Jorge Gómez, 2018)

Con las palabras mencionadas anteriormente se puede argumentar que el dinero es la madre del emprendimiento, sin esta nada se puede emprender, es claro que para los emprendedores novatos o nuevos, el dinero puede ser una excusa para abandonar sus emprendimientos o incluso desechar toda idea para triunfar, no obstante, de Musk se puede aprender algo importante sobre el dinero, si empiezas desde cero puedes conseguir capital de tres formas: Ahorrar e invertir, alianzas y búsqueda de socios potenciales.

También el empresario enfatiza en el uso de la tecnología a favor del capital, es decir, usar la tecnología para bajar los costes de producción y de esta forma no excederse en ciertos gastos de carácter productivo, esta es una ley en economía, al aumentar la tecnología la calidad del producto aumenta junto a su oferta y los costes de producción disminuyen. Por esto, la estrategia empresarial de Musk gira alrededor de otros factores como: La marca, el servicio, la forma de captar empleados potenciales y clientes poderosos. Pero, cabe destacar que el éxito gira en torno a las circunstancias del propio mercado y sus necesidades, a pesar de eso hay algo que Musk hace, eso es "inventar el futuro". Elon ha acertado en muchos negocios, es un visionario de la transformación digital y ha emprendido en diversos sectores de la economía.

Preguntas para construir la visión empresarial

A la hora de querer construir una visión empresarial es una buena opción cuestionarse y hacerse preguntas, esto le ayudará a encontrar la forma para desarrollar una visión innovadora, puede responderse internamente las siguientes preguntas:

Pregunta 1: ¿Qué deseo obtener?

Pregunta 2: ¿Cómo lo obtendré?

Pregunta 3: ¿Qué deseo alcanzar con esto?

Pregunta 4: ¿Qué quiero construir?

Pregunta 5: ¿Cómo serías feliz?

Pregunta 6: ¿Qué tengo que aprender para lograrlo?

Pregunta 7: ¿Qué va a ser diferente de tu situación actual cuando logres tu meta?

Pregunta 8: ¿Qué me falta para alcanzar la visión que he diseñado?

Pregunta 9: ¿Qué estás dispuesto a invertir en el logro de tu visión?

Pregunta 10: ¿Quién me puede ayudar?

Al contestar estas preguntas tendrás un panorama más claro de lo que quieres para tu emprendimiento. Ya identificados los factores para actuar, gestionar y desarrollar el plan de trabajo, le sigue el compromiso que usted se proponga con su proyecto, es aquí en donde verdaderamente las "ganas de conseguir buenos resultados", influye notablemente en la disposición que el individuo desea tener, todo está influenciado por la voluntad. Ahora es indispensable pensar en tener un propósito.

Sentido de propósito

Cuando observas la naturaleza puedes percibir muchas cosas, ya sea plantas que se mueven con el viento, las flores acompañadas por insectos, pájaros que cantan y vuelan en el cielo, el sol que ilumina el entorno, todo está allí puesto por un propósito, ser parte de un ecosistema equilibrado, con esta ilustración se puede comprender que todo en la vida tiene un propósito, aunque a simple vista parezca un pequeño detalle o algo inferior, pero a ciencia cierta, aquello que es sencillo es importante. ¿Qué es tener sentido de propósito?

Para entender este aspecto hay que dividir sentido y propósito. Según algunas definiciones de la palabra sentido estipuladas por la Real Academia Española, se puede encontrar lo siguiente:

> Entendimiento o razón, en cuanto discierne las cosas, modo particular de entender algo, o juicio que se hace de ello, inteligencia o conocimiento con que se ejecutan algunas cosas, razón de ser, finalidad, significación cabal de una proposición o cláusula, cada una de las distintas acepciones de las palabras, cada una de las interpretaciones que puede admitir un escrito, cláusula o proposición. (Real Academia Española)

Según el contexto en que se puede usar el "sentido", y en este caso sería sobre el emprendimiento, sentido es la razón o la conciencia de conocer o entender alguna cosa, es decir, es la certeza de comprender un hecho en particular, hasta el punto de actuar según lo comprendido y procesado en el cerebro.

Por su parte la palabra "propósito", resumida en las definiciones de la Real Academia Española, se puede encontrar lo siguiente:

> Ánimo o intención de hacer o de no hacer algo. Objetivo que se pretende conseguir, Asunto, materia de que se trata. Adecuado u oportuno para lo que se desea o para el fin a que se destina, para expresar que algo, al ser mencionado, ha sugerido o recordado la idea de hablar de otra cosa. (Real Academia Española)

En este contexto, la palabra sentido abarca la intención de realizar una acción con razones coherentes y de peso. Por ejemplo, si usted va a comprar al supermercado, ¿cuál es el propósito de su compra? Pues sencillamente sería satisfacer una necesidad, por lo tanto, el propósito es la finalidad y los motivos por lo que se hacen las cosas, en esta caso la puesta en marcha de un emprendimiento.

Desde muy pequeño Musk tenía claro que quería dejar un legado, dejar una huella importante para la humanidad, de ser un físico o un estudiado a pasar a ser un emprendedor exitoso y millonario tuvo que pasar por muchas pruebas, pero este hombre tenía un propósito por la cual luchar: "cambiar la vida de la humanidad", pero muchas personas pensarán que Elon ha hecho todo esto solamente por obtener una fortuna inmedible o incluso por ser el mejor del mundo, no obstante, muchas personas desconocen las verdaderas intenciones de este genio. Su interés es llevar al ser humano a lo impensado, a lo inimaginable, hacia lo que muchos piensan que es imposible para el hombre, él quiere llevar a la humanidad hacia Marte, también quiere cambiar el uso de energías fósiles y contaminantes por nuevos aires innovadores, resumida en las puertas del futuro, con una humanidad avanzada capaz de defender su propio planeta de la implacable ambición de una minoría caprichosa y con fines egoístas.

Si tú deseas potenciar el sentido de propósito, debes prestar atención a toda la información valiosa que encontrarás más adelante, también si eres de las personas que les falta un sentido en la vida o que sienten que la existencia no tiene sentido, aquí encontrarás tu verdadero camino, pero, antes de continuar leyendo las líneas de este libro, debes olvidar todo lo aprendido hasta ahora, es decir, reaprender lo aprendido, debes desechar todo pensamiento negativo y dañino, dejar los problemas atrás y olvidar aquello que aqueja tu mente, debes ampliar tu mentalidad a la verdadera información que necesitas para emprender, otros libros te dirán qué hacer, pero solo tú tienes la facultad para emprender ese gran vuelo al éxito, aquí se te entrega las herramientas necesarias, no obstante, debes hallar tu propio camino, un camino que te haga feliz, hasta el punto de sentirte satisfecho por la realización de tus sueños. Por eso es fundamental ignorar todos los comentarios negativos que muchas veces pueden estancarte en un "barro inamovible", la idea es hacer crecer tu talento, en donde explores al máximo tus habilidades, tú eres capaz de transformar tu realidad y convertirla en una joya. Tú eres como un diamante en bruto, si aprendes a conocerte te convertirás en una preciosa piedra.

Sin duda, el propósito es crucial para el éxito de una organización, ya que el propósito es la razón de hacer algo, esta es una de las principales fuentes de logro e incluso revela los problemas más básicos relacionados con la falta de motivación. Todos los emprendedores deben tener esta cualidad, porque el propósito los motiva, los mueve a realizar lo imposible, aquellas personas que entienden las razones de sus decisiones y acciones, con un objetivo claro y sobre todo con la capacidad de sentido son las que están impulsadas por un propósito. Son personas que quieren que sus vidas tengan un objetivo influenciado en sus decisiones estratégicas e inteligentes. El propósito es importante porque da sentido al trabajo, a un proyecto, a un emprendimiento y a cualquier cosa que el individuo desea realizar y que quiera integrarlo a la vida diaria.

Todas las grandes compañías tienen ese sentimiento que las hace operar, las envuelve en una capa de ánimos, cuya finalidad es lograr el éxito. No se debe confundir el sentido de propósito con la visión, ni con la misión. ¿Qué diferencias existen? Para contestar esta pregunta hay que ilustrarlo con un ejemplo:

Imagine que usted es el dueño de uno de los concesionarios de autos más importantes del mundo, analiza el mercado y se percata de la última tendencia de autos en el último año, las personas prefieren coches coloridos y con aspecto antiguo, su empresa intenta encajar en el mercado haciendo y produciendo autos con este tipo de estilo en grandes cantidades. Después de un tiempo la gente deja de prestarle atención a ese tipo de autos y empiezan a comprar de otro estilo, del cual otra empresa vende del estilo que buscan dichas personas. Su empresa comienza a perder clientes y adquiere competitividad con otra marca.

Aunque la visión y la misión de su empresa estaba proyectada a mediano y a largo plazo, y teniendo en cuenta que esta usualmente no cambia, a no ser que existan cambios en las funciones de la compañía, el propósito si puede cambiar, su propósito era producir autos en masa para satisfacer una necesidad en ese lapso de tiempo, vender autos con el estilo que todos querían, sin embargo, cuando el emprendedor reconoce que puede imponer su marca y crear nuevos seguidores fieles que compran sus productos para conquistar el mercado, entonces consigue dominar el nicho de las ventas, es decir, diseñar un mercado propio, siguiendo este patrón hay miles de ejemplos en la realidad, por ejemplo, Iphone ha conseguido tantos seguidores a nivel mundial, son celulares con características únicas, han moldeado el mercado entero, su figura irradia estatus social, para muchos tener un celular de esta marca representa "tener mucho dinero". De esta forma Iphone se ha adueñado del mercado de celulares, su propósito es ese, liderar las ventas de celulares, y lo mejor de todo, el precio no lo hace pasar tan desapercibido, aunque es un celular costoso, las personas prefieren comprarlo, incluyendo también que este celular es de buena calidad.

Hasta este punto usted puede entender que si quiere ser exitoso vale la pena moldear el mercado a su antojo, sin prescindir en querer satisfacer una moda, un capricho de un tiempo corto, muchas empresas han quebrado por vivir de modas pasajeras, por ejemplo, crear una empresa cuando se pone de moda tener cartas de una nueva serie animada, todos compraran las cartas, los ingresos aumentaran sustancialmente, pero, ¿después qué pasará? Las personas se aburrirán y ya no compraran dichas cartas, la empresa quebrará, cerrará y no habrá nada que encienda otra vez la mecha de aquella moda. Por eso, si una empresa quiere surgir debe adaptarse y tener un sentido estratégico.

Muchos analistas sugieren lo mencionado anteriormente, entrelazan propósito con estrategia y basan el equilibrio de la misión, la visión y los valores de una compañía con el propósito:

El propósito no es una misión, visión o valor que puede ser

englobado en una frase. El propósito es un llamado a actuar. Cuando las compañías están impulsadas por un propósito, la visión, la misión y los valores fluyen naturalmente de dicho propósito. Como se dijo anteriormente, es fácil que los líderes corporativos se distraigan por su visión, misión y valores, así como por la reputación, problemas éticos y de imagen pública. El mejor modo de enfrentar estos problemas es desarrollar un propósito organizacional claro y consistente. (Nikos Mourkogiannis, 2007)

Por ende, el propósito se confabula con los aspectos esenciales de una empresa, ya sea la visión, la misión y los valores éticos. No obstante, un sentido de propósito abarca algo más que lo mencionado anteriormente, la experiencia de genios como Musk, te puede enseñar a que es posible crear empresas rentables, influyentes, económicamente viables y duraderas, no solamente él se ha encargado de realizar estas grandes proezas, puedes encontrar ejemplos de otros inversionistas y multimillonarios con un liderazgo único, sin embargo, Elon tiene algo diferente a los demás multimillonarios, esto lo veras en el siguiente capítulo. Continuando con el sentido de propósito, Musk ha descubierto una necesidad que más nadie ha querido hacer, el hecho de cambiar el mundo, es aquí en donde confluyen: Excelencia, altruismo, heroísmo, y la voluntad.

Musk descubrió que el Internet sería un puente para cambiar el mundo y no solo eso, percibió una realidad a su alrededor, un sistema económicamente inestable, capaz de derrochar los recursos del planeta hasta el punto de desgastar la pureza de la naturaleza, su descubrimiento lo condujo a tener mentalidad innovadora, hay que detenernos en esta parte, si tú quieres empezar a cambiar el mundo, debes leer mucho e investigar, una persona que no investiga ignora su propia realidad y sus necesidades, desaprovecha la oportunidad de descubrir algo sumamente importante para moldear el mundo, por ese motivo si un emprendedor comienza desde cero, debe en primera instancia, observar su realidad, luego investigar, desarrollar una idea de acuerdo a las necesidades presentes relacionadas con el futuro, es aquí en donde se revela uno de los secretos más importantes de Musk, desarrollar una mentalidad a prueba de balas.

Elon literalmente trabaja a base de la creencia de que su trabajo será responsable por convertir a los seres humanos en una especie interplanetaria, salvándolos de la inteligencia artificial, Elon tiene un refrán que dice *"For me it was never about money, but solving problems for the future of humanity"*. En español sería: Para mí esto nunca fue por dinero, pero esto está salvando los problemas futuros de la humanidad. El propósito de los grandes además del dinero, está vinculado con la capacidad de proyectar sus capacidades en beneficio del ser humano, es aquí en donde debes entender que el éxito sobrepasa la fortuna, y se vuelve una pasión eterna por dejar un legado capaz de perdurar eternamente en las futuras generaciones.

El sentido de propósito sugiere un gran altruismo por la comunidad, el entendimiento de satisfacer las grandes faltas sociales, ya sea la pobreza, el cuidado del ambiente e incluso el bienestar de la propia especie, abarca también un lazo inquebrantable de objetivos orientados al cambio, el propósito es como el alma de un cuerpo, si no está, no existe, es difícil que el cuerpo tenga vida, por lo tanto, para tener voluntad se debe tener esta gran cualidad. Puedes realizar el siguiente ejercicio:

Busca una hoja blanca, escribe los objetivos que tienes en tu vida a corto plazo, luego, en otra hoja escribe tus propósitos a mediano plazo y finalmente en otra, los objetivos a largo plazo, y piensa en cómo harás realidad esos objetivos, debes empezar por cada uno de forma ordenada, con las tres hojas en donde están tus propósitos, debes colocar aquellas hojas en la pared de tu dormitorio, de esta forma cuando te levantes siempre verás tus objetivos y no se te olvidará por qué quieres luchar por tus sueños, ya sea tener una gran fortuna, o deseas cambiar tu ciudad o brindar nuevas oportunidades, e incluso tener lo que siempre te ha hecho falta, debe existir algo que te impulse a realizar tu emprendimiento, puede ser que estés cansado de que te paguen una miseria, o que ya lleves tiempo desempleado, sin duda, todas las necesidades pueden impulsarte a tener un propósito, al saber las razones de tu lucha constante por hacer realidad todos tus sueños te resultará más fácil tener la voluntad de salir adelante.

Con Musk se puede profundizar un poco acerca del sentido de propósito, pues este hombre no hace las cosas a su antojo, o a ciegas, todo lo que hace este gran emprendedor tiene una base racional, lógica y visionaria. Él inició sus negocios sabiendo que serían demasiado útiles, haciendo valer la pena cada esfuerzo, toda persona que llega a conocer a Musk, sabe perfectamente hacia dónde quiere llegar este hombre, ya que sus objetivos son claros y precisos, sin ningún tipo de titubeos o inseguridades, él sabe integrar lo imposible para muchos, con lo posible para pocos. Todo en la vida tiene un sentido y Musk ha sabido aprovecharla al máximo.

CAPÍTULO DOS

EL TRABAJO PROFUNDO

En este capítulo encontrarás otro de los secretos más interesantes de Musk, el manejo de su trabajo con "Deep Work" o trabajo profundo, esto hace parte de su gran éxito a la hora de innovar y presentar sus proyectos, incluyendo la importancia de tener una buena concentración. Por eso en los siguientes párrafos se explicará acerca de todo lo relacionado con el trabajo profundo y su relación con los resultados positivos a la hora de emprender un negocio. También se explorará cuestiones fundamentales encontradas en el libro *"Deep Work" de Cal Newport* y su relación con las acciones de Elon Musk.

La tecnología ha crecido sustancialmente, cada día la tecnología ha tomado un protagonismo crucial en la vida humana, muchos jóvenes hoy en día pasan muchas horas pegados a sus teléfonos celulares, o a una máquina de videojuegos, formando ciudadanos atados a una tecnología que avanza a pasos agigantados, en donde cada vez más se desarrollan nuevas plataformas y nuevos contenidos. Pero, en la actualidad muchas personas se han preocupado por el futuro de las siguientes generaciones, en donde creen que ya todo está creado y solamente resta disfrutar de dichas creaciones, viviendo una vida sedentaria sin ningún propósito.

La idea de este apartado no es criticar a la sociedad de hoy en día, sino más bien analizar los patrones conductuales que hacen deteriorar la concentración, o simplemente reflexionar del uso irresponsable que muchas personas le dan a la tecnología, como dormirse en otra realidad (el mundo virtual) y no querer cambiar la verdadera realidad.

El trabajo profundo te puede ayudar a ignorar las distracciones comunes de la vida diaria, experimentando una sensación de concentración total, y adquiriendo muchas ventajas para tu productividad empresarial, incluso te ayuda a potenciar tus ideas, tus proyectos hasta el punto de perfeccionar al máximo los aspectos de tu emprendimiento. Antes de entrar a fondo sobre este tema, hay que escudriñar la esencia del trabajo profundo y la concentración.

Cuando se piensa en concentración, cualquier persona tiende a imaginar que se refiere a la capacidad de involucrarse con alguna tarea en específico o algunos que estudian química lo relacionarán con una magnitud que expresa la cantidad de una sustancia por unidad de volumen, y cuya unidad en el sistema internacional es el mol por metro cúbico, sin embargo, en este caso la concentración va desde el contexto vinculado con las habilidades empresariales. Según la Real Academia Española, la concentración se refiere a: "Acción y efecto de concentrar o concentrarse". Si se busca en Internet la definición de concentración, se puede hallar lo siguiente:

> Concentración es la capacidad de mantener la atención en algo particular o específico. La concentración es una de las habilidades fundamentales para el aprendizaje o el proceso de conocimiento. La concentración está relacionada con la atención, siendo ambas etapas de un mismo proceso. La atención antecede a la concentración. La atención selecciona lo que se considera más importante y la concentración es la focalización de la atención en un determinado objetivo. (Significados, 2017)

El mismo significado de concentración se adecua notablemente a una habilidad difícil de obtener, puesto que como se había mencionado anteriormente, en el mundo hay tantas distracciones, hay personas que por naturaleza sufren de hiperactividad, como resultado se les hace difícil concentrarse en una tarea determinada, también están las personas obsesionadas con la tecnología, del cual no son capaces de concentrarse en algo por mucho tiempo, siempre tienen que estar revisando sus celulares a cada rato, perdiéndose un notable tiempo y restándole importancia a sus sueños o proyectos para salir adelante. Hay que centrar la atención en este aspecto tan importante, equilibrar el tiempo, es decir, concentrarse en una tarea por cierto tiempo y luego, hacer otra cosa, ya sea un hobbie o algún deporte, lo imprescindible es respetar el tiempo en que se desarrolla el emprendimiento, por este motivo si tienes una obsesión con la tecnología recuerda estas palabras de algunos autores especializados en el tema:

> Cualquier inclinación desmedida hacia alguna actividad puede desembocar en una adicción, exista o no una sustancia química de por medio. La adicción es una afición patológica que genera dependencia y resta libertad al ser humano al estrechar su campo de conciencia y restringir la amplitud de sus intereses. De hecho, existen hábitos de conducta aparentemente inofensivos que, en determinadas circunstancias, pueden convertirse en adictivos e interferir gravemente en la vida cotidiana de las personas afectadas, a nivel familiar, escolar, social o de salud. (Echeburúa y Corral, 1994).

Según las palabras anteriores, se puede inferir que la adicción es cuando existe un abuso desmedido por alguna actividad, es involucrarse tanto a una determinada tarea o acción hasta el punto de dejar las cosas de la vida en un segundo plano, aunque la adicción va más allá de eso, cuando una persona es adicta a algo, demuestra comportamientos impulsivos, ansiedad, no se halla, esto es muy peligroso porque la persona no es consciente de sus comportamientos.

Por otro lado, la concentración se encuentra unida notablemente con el enfoque, esta se puede definir como la capacidad de trabajar en una actividad concreta de manera óptima, en donde los cinco sentidos se encuentran enfocados profundamente en una sola cosa, sin existir ningún tipo de distracción, por ejemplo: Un escritor que se dedica a escribir libros, intenta buscar un lugar silencioso o agradable, esa persona se concentra tanto en escribir su libro que se olvida de absolutamente todo, su mente está enfocada en sus líneas, propiciando así un trabajo óptimo y de excelente calidad. El enfoque ha sido analizado por muchos autores que conocen del tema:

> Una de las características más comunes y más importantes en las personas realmente exitosas es su capacidad de enfocarse en un tema en concreto, en hacer foco en una actividad o disciplina determinada. A mi entender es, además, una de las características más difíciles de desarrollar (y hablo por experiencia propia). La mayoría de personas ambiciosas, emprendedoras y muy motivadas profesionalmente suelen tener mayor dificultad para enfocarse en una actividad concreta. Por su carácter, por su motivación y por sus ganas, porque disfrutan creando y asumiendo nuevos retos suelen tener una alta tendencia a la dispersión, y esto me parece un grave error. (Xavier Roca, 2014)

Si existe un mal enfoque, entonces, al desear emprender algo puede llevarte a cometer tantos errores e incluso a fracasar en el camino, ya eso se ha visto mucho en el mundo del entretenimiento, algunos artistas tenían un mal enfoque. No saber enfocarse puede llevarte al fracaso y a la quiebra, hasta el punto de afectar profundamente tu capacidad de pensar. Muchas personas que administraban muy mal sus recursos o dejaban de trabajar perdieron todo por sus malas acciones. Estos ejemplos te pueden enseñar a pensar y a analizar a fondo si tienes un buen enfoque. A continuación se presentan algunas consecuencias al no saber enfocarse de manera clara, de las cuales puede afectar tu capacidad para pensar:

Primera consecuencia: Descuidar la vida personal

Si una persona está dependiente a una actividad sin sentido o con falta de enfoque, entonces comienza a descuidar su vida personal, ya no le interesa vestirse bien, no se baña, no se preocupa por su aspecto personal. Si es una mujer, esta deja de hacer los quehaceres, no se preocupa por el bienestar de su familia, ni el por aseo del hogar, ya no le dedica tiempo a su pareja, no se preocupa por comer bien y anda como sea en la calle, sin percatarse en absoluto que la apariencia es fundamental a la hora de buscar inversionistas. En el hombre ocurre de la misma manera, ambos descuidan completamente su vida personal y social, incluso dejan de salir con sus amigos, prefieren estar todo el día pegados a actividades sin enfoque, sin sentido, olvidándose de la vida real.

Segunda consecuencia: Recibir quejas de seres queridos

Cuando las personas cercanas a ti te empiezan a comentar acerca de tu conducta sin sentido con alguna actividad, hay que prestarle mucha atención a eso, porque los seres queridos son los que se dan cuenta de nuestros problemas, si escuchas comentarios como: "Debes descansar un poco", "pasas todo el día haciendo eso", "ya no salimos como antes, has cambiado", "ya no tienes tiempo para mí". Estas quejas son una clara muestra de las actitudes inconscientes que se puede tener en contra de los seres queridos, si se presenta estas circunstancias, lo mejor es autoanalizar dicha conducta y cambiarla. Pero ojo, muchas veces los mismos familiares pueden decirte comentarios negativos sobre tu emprendimiento, por eso debes contagiar a tus seres queridos con tus metas y aspiraciones, ya que más adelante te pueden ayudar con tu negocio.

Tercera consecuencia: Pensamientos constantes con una actividad poco importante

Por ejemplo, pensar en las redes sociales constantemente y no concentrarse en otra tarea diferente que sea más importante. Este tipo de casos es muy común, imagine que usted se va a encontrar con un conocido, llega al lugar, observa a su amigo con el celular en la mano, usted lo saluda amigablemente, lo invita a tomarse un café en un restaurante cercano, se sientan en la silla, usted comienza a conversar con él, pero nota que su amigo se encuentra chateando en su celular, ignorando lo que usted le está diciendo. ¿Percibe por qué los detalles mínimos son un problema? Con el ejemplo anterior se puede reconocer que una persona pegada al celular tiene los primeros síntomas de obsesión por la tecnología, dando esto como resultado que la persona pierda una oportunidad muy importante para su carrera como empresario, dicha persona prefiere estar pegada a su aparato electrónico e ignora todo a su alrededor, pero esto no es tan simple y sencillo, es un problema que puede dañar cualquier emprendimiento e incluso las relaciones interpersonales, hasta el punto de perder un negocio importante, ya que esto ocasiona un daño a la hora de enfocarse en lo que realmente importa.

Otro ejemplo es estar en una reunión importante con varios socios, se va a cerrar un negocio, usted comienza a revisar a cada rato su celular, y su socio interesado en su proyecto le habla y usted no le presta atención por fijar su concentración en el aparato electrónico o por estar allí en otro asunto no escucha bien lo que dice su compañero, su socio percibe eso y enseguida pierde el interés por el proyecto. Este tipo de cosas han sucedido en la vida real, por eso es un serio problema la obsesión sin sentido por cosas ociosas y vanas, porque esto te puede hacer perder grandes oportunidades, al menos que vivas de la tecnología y tengas que hablar con clientes.

Otro síntoma conectado a la falta de enfoque es la sensación de estrés, irritación y ansiedad. Una persona que no tiene un sentido común o un enfoque claro, tiende a cometer muchos errores. La ansiedad es una preocupación, una inseguridad, miedo intenso y excesivo, se caracteriza por ser una inquietud interna del individuo, en este contexto sería simplemente como una intolerancia al dejar abandonado ese "objeto", del cual el individuo depende mental, emocional y físicamente, la ansiedad es un síntoma de la falta de sentido o enfoque.

Cuarta consecuencia: Aislarse socialmente

Esta consecuencia es la más importante, quién está dependiente de realizar actividades sin ningún enfoque tiende a aislarse de su vida social, pierden amigos y se encierran en su propio mundo, ya nadie los tolera y muchos menos aceptan las actitudes anómalas de esa persona carcomida por sus obsesiones, no obstante, la víctima no percibe que su vida se está desmoronando, piensa que todo está bien, pero ignora la verdadera realidad, y, es así como lo sugieren muchos especialistas sobre las consecuencias de mal enfocarse en cosas vanas y, no en verdaderamente surgir y salir del "sistema":

> De este modo, conectarse al ordenador nada más llegar a casa, meterse en Internet nada más levantarse y ser lo último que se hace antes de acostarse, así como reducir el tiempo de las tareas cotidianas, tales como comer, dormir, estudiar o charlar con la familia, configuran el perfil de un adicto a Internet. Más que el número de horas conectado a la red, lo determinante es el grado de interferencia en la vida cotidiana. (Davis, 2001).

Entonces, hay una pregunta a considerar: ¿Por qué es importante saber enfocarse a la hora de pensar en el emprendimiento? Sencillamente porque si se desea empezar a gestionar proyectos y emprendimientos es fundamental mantenerse fuerte y mentalmente equilibrado, ser un visionario exige ser una persona con un potencial alto, y no con inseguridades o falta de enfoque, ser un emprendedor exige tener un equilibrio emocional en casi todos los aspectos de la vida, obviamente que nadie es perfecto en el mundo, pero si se desea ser un líder capacitado y con proyección al éxito se debe dejar ciertas debilidades mentales, porque si se es un líder débil y con fallas, el éxito se puede diluir en un abrir y cerrar de ojos, muchos emprendedores han fracasado por administrar mal sus recursos, por no tener ninguna meta o no saber enfocarse de manera correcta e incluso al no trabajar de manera profunda.

Por el motivo anterior se cedió un espacio para entender una de las primeras fallas de todo emprendedor, la falta de enfoque. Musk era consciente en que ser un visionario iba más allá de tener buenas ideas, sino más bien, de ser un líder capacitado, capaz de ayudar a otras personas. Este hombre tenía claro que la imperfección del ser humano muchas veces puede llevarlo al fracaso, pero su educación financiera e inteligencia emocional lo ha llevado a ignorar aquellos detalles sin sentido. Hay dos tipos de personas: La primera es la que esclaviza la tecnología y la usa a su favor, teniendo un enfoque claro, y la segunda es la que se deja esclavizar de la tecnología y se estanca allí sin obtener ningún beneficio en particular, ¿cuál de los dos quieres ser? ¡Piénsalo!

El trabajo profundo o "Deep Work"

El trabajo profundo es uno de los talentos más extraños en este siglo, son escasas las personas que llegan a sentir esa sensación de concentración total, en este mundo existen tantas distracciones, las calles mantienen un ruido constante e implacable. Por otro lado, se encuentran las distracciones tecnológicas, ya sea las redes sociales o el propio Internet. Por eso el trabajo profundo trata de potenciar las capacidades hasta el punto máximo, usando la concentración total, si las personas se dejan persuadir por los distractores existentes en la realidad concurren en el error de no desarrollar al máximo sus potenciales, se distraen y se demoran mucho tiempo en terminar alguna tarea específica, bajando la eficiencia, la productividad y sobre todo perdiendo tiempo valioso, para entender este aspecto es fundamental prestarle atención al siguiente ejemplo:

Imagine que usted trabaja en una oficina 8 horas, está haciendo un informe para su jefe, usted se encuentra redactando dicho informe, pero comienza a usar su celular y lo revisa a cada rato, usted no percibe las horas, pero cuando ve el reloj en el computador se da cuenta que falta media hora para acabar el horario laboral, entonces se percata que su informe está completamente atrasado, es allí en donde usted redacta tan rápido, sin prestarle atención a la calidad del informe, le da un vistazo efímero y se lo entrega a su jefe. ¿Será que su jefe se dará cuenta de la baja calidad del informe? Tendría mucha suerte si su jefe no percibe su mediocridad, pero si se da cuenta, lo primero que hará es devolverle el informe y lo mandaría a usted a hacerlo de nuevo.

Por este motivo el trabajo profundo te ayuda a no cometer esos errores tan fatales. El libro de Cal Newport, llamado: Deep Work, te puede ayudar a entender a fondo este tema y cómo esto ha colocado a Musk en la cima de la innovación, es momento de descubrir este secreto tan importante y genuino. Es hora de descubrir la eficiencia de Musk con el "Deep Work". Cal con su libro te enseña a una mayor productividad sin tener que sacrificar tu vida personal, ya que muchos creen en el hecho de no tener una vida por alcanzar el éxito, Newport desmiente todo esos mitos, se puede lograr muchas cosas importantes sin tener la necesidad de trabajar más de 20 horas diarias o incluso todos los días.

Primero hay que analizar y explicar cada sugerencia que el libro de Newport tiene para mostrar, es muy importante entender todos los consejos del libro, ya que de esto resultará un gran avance en tu mentalidad emprendedora. Observa las siguientes recomendaciones del libro "Deep Work":

Consejo 1: Las desventajas del multitasking

Muchas personas creen que realizar muchas tareas al mismo tiempo es una habilidad prodigiosa, pero están totalmente equivocados. Cuando un individuo comienza a realizar muchas labores en un mismo lapso de tiempo, esto se puede convertir en una desventaja, el cerebro humano intenta procesar muchas funciones, trayendo un mal desempeño en alguna de las tareas a ejercer. Esta cuestión es parecida a un viejo refrán: "La cantidad no hace la calidad", esta frase no es muy lejana a la realidad, ya que al hacer multiplicidad de tareas al mismo tiempo acarrea un desinterés por alguna de las actividades que se estén realizando, e incluso no se terminan en el tiempo indicado, para entender esta parte, es mejor ilustrarlo con un ejemplo:

Imagine que usted se encuentra terminando un presupuesto de un proyecto, tiene la calculadora al lado, junto al computador, allí usted está totalmente concentrado en no equivocarse, en ese mismo momento le toca terminar una tarea de su Universidad, tiene los dos documentos abiertos y abre el uno y luego el otro, usted cree que es una gran habilidad, pero no ha percibido que su rendimiento ha decaído, puede incluso equivocarse en alguna de sus dos tareas, en ese instante, suena su teléfono, contesta y sigue revisando su proyecto, mientras que habla desde su celular. El cerebro se encuentra presionado a enfocar su atención a la llamada y al mismo tiempo a la tarea que se desarrolla. Tantas son las cosas a realizar que incluso usted pierde la noción de la conversación desde su celular, trayendo esto consecuencias nefastas, ya sea una mala interpretación de su interlocutor.

El ejemplo anterior es una clara muestra que realizar muchas tareas al mismo tiempo no es tan bueno como se piensa. Esta parte ha sido investigada por muchos científicos, uno de los investigadores que más han estudiado este tema es Earl Miller, neurocientífico del Departamento del Cerebro y de las Ciencias Cognitivas del Instituto Tecnológico de Massachusetts, este científico ha concluido que el cerebro no puede hacer más de dos tareas al mismo tiempo, ya que no se encuentra adaptado para multiplicidades de actividades al mismo tiempo, así como el mismo lo dice:

> Aunque el cerebro pueda almacenar información de toda una vida y una gran cantidad de conocimiento, por alguna razón solo puede

expresar uno o dos pensamientos conscientes al tiempo, Tenemos un dilema: la sociedad espera que hagamos multitasking, pero no somos buenos en eso, Cuando la gente cree que está haciendo multitasking, lo que hace en realidad es pasar permanentemente de una tarea a la otra. Cuando cambiamos de una tarea a otra, le prestamos atención a una de ellas y no a la otra, aunque creamos que estamos concentrados en todas. Por ejemplo, siempre veo a gente manejando con manos libres y creen que eso resuelve el problema, pero no es así. Cuando uno está concentrado en una conversación por teléfono, no se está concentrando en el camino. Pero el cerebro da la ilusión de que sí lo está. (Miller).

Muchos científicos como Miller sostienen la hipótesis de que el cerebro cuando realiza dos tareas a la vez se divide automáticamente, es decir, un lado del cerebro se encarga de esa tarea y el otro lado, de la otra actividad realizada en ese mismo momento, esto es muy costoso para la mente humana. Además existe otro problema a la hora de tensionar el cerebro humano, esto sucede cuando se cree estar consciente en una actividad haciendo la otra, pero el propio cerebro hace trampa, engañando a la propia mente, haciendo creer al individuo que en verdad se está consciente, pero en realidad es una ilusión netamente mental. La verdad es que el individuo se encuentra tan enfocado en más de tres tareas al mismo tiempo que pierde la noción de alguna de ellas. Alguna vez has pasado por eso, estar concentrado en una película, tomas el celular para chatear y miras la película al mismo tiempo, y aunque la estás observando en ese instante, crees que te la estás viendo, pero cuando alguien te pregunta acerca de una parte de la película se te hace difícil responder dicha pregunta, de esta misma forma pasa con la "trampa del cerebro".

El mismo científico compara al cerebro humano con el ancho de banda. Cuando el cerebro hace múltiples tareas no logra incorporarse, entonces construye una ilusión, tomando porciones de información y luego las junta para hacer una versión completa de dicha información, pero con la falla de dejar pasar la información valiosa de la propia realidad. Así como este ejemplo hay muchos, también se podría comparar el cerebro humano con la capacidad de un celular, en este caso con la memoria RAM, cuando abrimos muchas aplicaciones en un celular de baja y de media gama es común que comience el aparato a bajar la velocidad de respuesta e incluso se vuelve más lento de lo usual, se recalienta y no funciona de la misma forma, hasta el punto de reiniciarse, obviamente, el cerebro no hace eso, pero si sucede lo mismo cuando se realizan tantas tareas al mismo tiempo que el cerebro no es capaz de hacerlo en un cien por ciento de atención e interés.

Es sorprendente creer que el multitasking es una habilidad prodigiosa, sin embargo, es una realidad que esto es un arma de doble filo. Quienes creen ser buenos haciendo muchas cosas al mismo tiempo, no saben que pueden estar realizando esas tareas con menor grado de eficiencia en comparación con alguien enfocada totalmente en una sola tarea, estudios han demostrado que los multitaskers tienen una menor densidad de materia gris en el córtex del cíngulo anterior. Esto confirma claramente la particularidad situación de personas que saben de todo, pero no consiguen un nivel avanzado en dichas actividades.

Por otro lado, otras instituciones vinculadas con el tema han concluido también sobre los mitos de las multitareas, se estima que un profesional en estos tiempos gasta más del 70 por ciento de su tiempo realizando diferentes actividades virtuales, usando las redes sociales y navegando en Internet, estos individuos tienden a tener una menor productividad en comparación con los profesionales que se enfocan directamente con una tarea determinada. Si quieres tener una productividad buena y un desempeño eficaz lo mejor que debes hacer es enfocarte en una sola actividad, terminarla y luego seguir con la siguiente, de esta forma verás que tu potencial y productividad crece desmedidamente.

Musk ha tenido muy claro el tema de las multitareas en su trayectoria como empresario, puesto que él se ha enfocado en trabajar al cien por ciento en sus emprendimientos, luego de tenerlo terminado y con todo el potencial que espera, entonces pasa a otro proyecto. Esto lo vemos en su historia ya contada en párrafos anteriores, él se enfocó en el área de sistemas y todo lo relacionado con la tecnología, le fue bastante bien, con esto comenzó sus proyectos para cambiar el mundo. Elon sabía las razones de trabajar en un solo proyecto, porque la atención y la concentración son un gran arma a la hora de lograr buenos resultados, esto es uno de los secretos más guardados que tienen los empresarios exitosos en el mundo.

Consejo 2: Practica la meditación productiva

Cuando te encuentras en un estado de paz y tranquilidad todas las cosas salen muy bien, es un estado caracterizado por mantener un equilibrio emocional en todos los sentidos, debes recordar que el ser humano es una entidad emocional, para que la mente funcione en su máxima capacidad debe existir una sintonía pacífica, no debe existir estrés, ni cansancio, y mucho menos ansiedad o cualquier tipo de problema interno o externo, porque si se presentan estos problemas, entonces la actividad puede salir de la peor manera, lo mismo sucede cuando se va a cocinar, si se mantiene una mala actitud la comida saldrá salada o en malas condiciones, esto te puede enseñar a comprender porqué hay que mantener una excelente actitud a la hora de realizar una determinada tarea, cuando hay amor y pasión todo sale de la mejor manera posible.

Practicar la meditación productiva implica conocer el cuerpo en todas sus facetas, puedes realizar respiraciones profundas para calmar el estrés o la ansiedad, estirar el cuerpo por tiempos prolongados ayuda a una mejor circulación, también puedes hacer ejercicios como una rutina diaria, ya sea solamente 5 minutos diarios, la idea es hacer que tu cuerpo descargue todas las cargas propias del trabajo y tensiones adquiridas por una mala posición, como resultado tu cuerpo estará óptimo para desempeñar todas las funciones encomendadas de la mejor manera. También muchos médicos sugieren los beneficios de hacer pausas activas, es decir, hacer sencillos ejercicios en determinados momentos para aliviar algunos dolores o molestias del cuerpo. Esto mismo lo confirman muchos autores especializados en la productividad empresarial y en mindfulness E-learning:

> Una práctica regular de meditación ayuda a mejorar la felicidad general, la autoconciencia y la paciencia. Grandes corporaciones como AOL y McKinsey & Co han experimentado un crecimiento de sus ventas, demostrando que lo que es bueno para la mente y el espíritu es bueno para los resultados finales de la empresa. Además, los empleados que trabajan de cara al cliente y que meditan, toleran mejor una situación difícil o frustrante. Con éxito probado en oficinas y estudios, no es de extrañar que más empresas quieran unirse a Mindfulness. Las empresas que ofrecen estas experiencias a sus trabajadores mejoran la productividad, la asistencia y la felicidad de sus empleados. No es ninguna sorpresa, por tanto, que los lugares de trabajo incluyan prácticas Mindfulness. Después de todo, un empleado feliz y tranquilo es un mejor empleado. (Marcos Maldonado, 2017)

Muchas empresas grandes manejan este tipo de herramientas con sus trabajadores, han enfocado la meditación que antes era netamente religioso y un estilo de vida a una base de la productividad empresarial, dando resultados óptimos y prioritarios a la hora del desempeño laboral por parte de los empleados. Por este motivo Musk se ha empeñado en seleccionar personal capacitado y con un alto rendimiento, en pocas palabras, el empresario escoge para su equipo de trabajo el mejor talento del mundo. Por ende, en sus empresas, Musk enfatiza en el uso de la meditación para controlar el estrés, para prevenir conflictos interpersonales y sobre todo profundiza la capacidad creativa en todos los aspectos. Si alguien se encuentra feliz y contento dará lo mejor de sí, desarrollando una productividad avanzada.

Consejo 3: Libérate de las redes sociales

Liberarte de las redes sociales no quiere decir que se te está prohibiendo revisar tus cuentas sociales, sino más bien es una advertencia sobre su uso prolongado y su uso a la hora de estar realizando una actividad determinada. Cal en su libro enfatiza en que el uso excesivo de las redes sociales mientras realizas tu trabajo, puede hacerte perder mucho tiempo, te puede atrasar de muchas formas e incluso baja tu nivel de desempeño laboral, ya que el foco de atención cambia hacia el celular. Si quieres tener una excelente productividad debes dejar las redes sociales, pero eso depende a qué actividad te dedicas, si tienes que estar pegado al teléfono por tu trabajo, entonces no hay problemas, pero mucho cuidado, el uso excesivo o la obsesión puede llevarte a perder tu familia, si estás conversando con una persona o un familiar lo indispensable es no estar revisando el celular al mismo tiempo, porque además de ser una mala educación, puede volverte antisocial. A nadie le gusta ser ignorado mientras habla, ¿te gustaría que estuvieses hablando mientras que tu interlocutor está pegado al teléfono? Pues a nadie le gustaría eso.

Por eso Newport aconseja en su libro el uso controlado de las redes sociales para aumentar la productividad empresarial, además de fortalecer las interrelaciones interpersonales con amigos, familiares y socios. Para llegar a liberarse de las redes sociales es bueno dejar a un lado el aparato electrónico, y utilizarlo cuando se tiene tiempo libre o no se esté trabajando. Por otro lado, también puedes hacer que las redes sociales trabajen para ti e incluso puedes ganar mucho dinero, pero ese tema se abordará en otra ocasión, no obstante, recuerda que existen tantas formas de generar ingresos y cantidades desbordantes de dinero con tan solo ser lo suficientemente creativo, aprovechando las habilidades y talentos adquiridos, no desaproveche ni un segundo para hacer que su talento lo lleve al éxito.

Consejo 4: Programa cada minuto de tu día

Si eres ordenado con tus tareas del día a día, entonces lo demás se te hará más fácil, lo indispensable es tener un plan semanal de las diferentes actividades a realizar, puedes tener una agenda, en el cual puedas escribir todas las actividades asignadas en determinadas horas, por ejemplo, si estás realizando un proyecto puedes programar cuantas horas dedicarle al día e incluso puedes colocarte la meta de avanzar cierto número de páginas o de palabras. Con esta forma lograrás mantener el foco atención en una sola tarea, por consiguiente, lograrás tener una excelente productividad.

Considera esta parte como el pilar de tu emprendimiento, la mayoría de emprendedores tienen planeado su día a día de manera organizada, de esta forma no se les escapa absolutamente nada. Esta misma forma la puedes emplear tú para verte mucho más profesional y se te sea fácil sacar tus proyectos adelante.

Cal Newport dedica el primer día de la semana por lo menos una hora para desarrollar su plan semanal. Con una lista de tareas ya realizada, puedes organizar o repartir el tiempo que tengas de acuerdo al tipo de trabajo a realizar. Si planeas sabiamente tus tareas, entonces el tiempo te rendirá de la mejor forma posible, optimizando tu productividad.

Consejo 5: Elimina el trabajo superficial

Hay actividades que no requieren una demanda cognitiva, ya que no se precisa mucha concentración o un elevado uso de tu cerebro, son tareas muy fáciles de hacer, usualmente son actividades de fuerza bruta, tareas logísticas, o tareas repetitivas, este tipo de actividades se pueden realizar con distracciones, además se pueden delegar o transferir a otra persona. Cal sugiere eliminar este tipo de trabajo por muchos motivos, el primero es que no es necesario perder el tiempo en eso si otra persona lo puede hacer, sin embargo, también se puede entender esto desde un contexto vinculado con actividades que exigen todo el aprecio posible, en este ámbito las tareas que en verdad exigen argumentos de peso muchas veces son desarrollados de manera superficial y huecas.

Es común realizar trabajos por encima e incluso has visto proyectos vacíos, huecos que están redactados de una manera superficial sin ningún tipo de contenido o base firme para mantener ciertos argumentos. Esto es un error grande a la hora de presentar un proyecto o buscar socios, un proyecto superficial no tiene una base sólida, no tiene ninguna prueba, careciendo de investigación, por este tipo de cosas un negocio se puede caer, porque para una persona emprendedora ver un proyecto mediocre significa que no es viable, perdiéndose el interés totalmente. ¿Cómo eliminar el trabajo superficial?

Para eliminar el trabajo superficial hay que tener una concentración total, ya teniendo esto es indispensable hacer investigaciones con base científica en lo que se va emprender, leer libros de autores con gran peso e incluso incursionar en páginas fiables, esta parte es importante, en la red se encuentra todo tipo de información, la mayoría puede carecer de información fidedigna y fiable, por eso si deseas tener una base firme en los conceptos de tus proyectos debes entrar a páginas científicas con investigaciones, y esto no es juzgar a las páginas de Internet, sino que lo primordial es basarse en contenidos confiables con créditos de Universidades importantes, hay páginas muy buenas escritas en inglés, solamente debes prestarle atención a los argumentos y al contenido, si no tiene base científica, entonces no es fiable.

En el caso de Musk como ya se había explicado anteriormente sobre su gran fascinación por ver al ser humano colonizar Marte, es de esperar que este emprendedor investigó profundamente todo acerca de este planeta, también todo acerca de los cohetes, esta información le dio base para conformar su emprendimiento, claramente que la información a seguir debe ser lógica, realista y con pruebas concretas de su veracidad, así funciona el conocimiento científico, todo se debe verificar a través de pruebas concretas respecto a un tema en específico. De la misma forma ocurrió con los proyectos de Elon sobre los autos eléctricos y la energía solar, ya anteriormente se estaban realizando investigaciones con este tipo de tecnología, pero no había nadie capaz de meterse de lleno en gestionar estas nuevas tecnologías o también no había el presupuesto necesario, es allí en donde el emprendedor debe aprovechar en sacar adelante proyectos potencialmente viables y que nadie ha querido hacer, lo anterior es otro secreto más de los emprendedores más poderosos del mundo.

Si quieres ser un exitoso empresario debes empezar a tener una mentalidad de ganador, por eso si estás leyendo este libro debes prepararte a cambiar ese chip antiguo, porque aquí en este momento se te está revelando todos los secretos de los hombres más exitosos del planeta, aprovecha la información que hay en este libro al máximo, porque no existen libros que te hablen con la verdad, te ilusionan y no te dan las herramientas necesarias para ser un líder innato y de esta forma puedas impactar tu realidad.

Por todos estos motivos recuerda no olvidar los consejos de este libro, si quieres liberarte de este sistema y realizar todos tus sueños lo primero es adoptar una actitud proactiva, leer mucho e investigar el tema de tu emprendimiento, dejar cualquier vicio u obsesión y sobre todo realizar el trabajo profundo con los consejos dados en los párrafos anteriores. Es hora de continuar con los consejos prácticos de Cal Newport.

Consejo 6: Termina tu trabajo a las 17:30 de la tarde

Este consejo es uno de los más extraños encontrados en la ficha de presentación del libro "Deep Work", ya que precisamente da una hora aproximada de terminar un determinado trabajo, muchos se preguntaran porqué el autor del libro quiere que se trabaje hasta las 17 horas... La respuesta es netamente sugestivo, pero hay muchas razones en las cuales el autor sugiere trabajar hasta esa determinada hora. ¡Prepárate para descubrirlo!

En algunos países del mundo y gran parte de Latinoamérica se concibe 8 horas laborales de Lunes a Viernes e incluso los Sábados. Para Cal trabajar los cinco días de la semana hasta las 17:30 o a las 5:30 de la tarde pretende ser un equilibrio a la hora de manejar un excelente desempeño, es muy lógico pensar que si se trabaja más de 8 horas diarias, entonces el cuerpo por obvias razones estará totalmente exhausto, cansado tanto física como mentalmente, como resultado el desempeño laboral baja totalmente. Por ejemplo: Si usted entra a su trabajo a las 8 de la mañana, aproximadamente si trabaja 8 horas, saldría a las 5 de la tarde, una buena hora para finalizar su trabajo, sin embargo, además de rendir en dicho trabajo y mantener en ese lapso de tiempo toda la atención referida en una actividad, hay que destacar también que la mente se cansa, por lo tanto, es muy importante no excederse con los tiempos predispuestos en la parte laboral, ya que esto puede acarrear estrés, ansiedad, frustración y fastidio, por consiguiente, no podría desarrollar el trabajo profundo.

Por otro lado, para Cal es fundamental ponerse límites, una hora del cual no se puede pasar, es más el autor asume algo que puede ser criticado por algunas personas, según este filósofo trabajar mucho tiempo no quiere decir que pueda existir una mayor productividad, sino más bien, se debe hacer todo lo posible en el lapso de tiempo estipulado, es decir, que trabajar largas horas no tiene nada que ver con ser productivo o no, en realidad hasta con menos tiempo se puede ser productivo y llevar una vida personal activa. La idea de Cal es que para ser exitoso no necesariamente debes privarte de eludir tu propia vida personal o enfocarte solamente en trabajo y trabajo, bajo su premisa se concibe el equilibrio del trabajo y la vida social, se puede ser multimillonario y exitoso teniendo un equilibrio. Para mantener la balanza de tu vida equilibrada debes poner límites, así como lo formula Newport en su libro, fijar los límites te ayudará a mantener una exitosa vida laboral y social. Por otro lado, Newport aconseja que debes quitarte obligaciones tontas e irrelevantes, no perder el tiempo con personas negativas y que te roban tu tiempo, por lo tanto, lo importante aparece delante de tus ojos de manera clara y concisa.

Además, hay una estrategia muy importante tocada por el mismo Cal, esto es "planear ir hacia atrás", ¿en qué consiste esto? Pues planear ir hacia atrás es asumir que vuelves a casa a las 17:30, es allí en donde comienzas a planear tus objetivos, creyendo que ya lo has conseguido, por consiguiente, empiezas a ir hacia atrás... Te pones el límite e intuitivamente tu mente va a dar lo mejor de sí para terminar de forma eficiente dicho trabajo, esto es una fórmula estratégica a la hora de mejorar la productividad y el trabajo profundo.

En pocas palabras este autor insiste en que no es necesario cargarse con muchas cosas, como si fuesen cargas del día a día, sino aprovechar al máximo el tiempo y comenzar a ser ligeros con las diferentes tareas diarias, esto no quiere decir que seas mediocre o trabajes lentamente sin ningún tipo de trabajo profundo, la intención del autor es abrirte los ojos acerca de que muchas veces menos es más, si ordenas tu trabajo y haces que sea lo más flexible posible obtendrás el beneficio de no desarrollar estrés, presión, frustración, o algún tipo de fastidio emocional que pueda entorpecer tus ganas de realizar las cosas. La idea primordial es mantenerte con tu voluntad y tener la visión de volver realidad todos tus sueños. Esto es una forma de mejorar la productividad, puedes usar cualquier método que se adapte a tus necesidades, lo importantes es intentar y mejorar día a día. Los siguientes casos a continuación te harán entender esta parte:

Caso 1: Alfredo es un profesional que trabaja en una empresa de publicidad, todos los días le llegan muchos encargos, él prefiere amontonar todos los trabajos en un solo día, para salir más rápido, a veces tiene estrés por todos los trabajos que le toca, a pesar de que dichos trabajos puede entregarlos dentro de una semana, él prefiere esperar a que lleguen todos los trabajos para así terminarlos en varios días y de esta forma el quedar libre el resto de la semana. Muchos clientes han tenido quejas con Alfredo porque él les entrega los diseños con fallas y pequeños detalles, y el jefe le devuelve los diseños para que el propio Alfredo los corrija, el hombre muchas veces le ha tocado trabajar hasta tarde para presentar mejores diseños.

Caso 2: María es una compañera de Alfredo, tiene el mismo cargo, ella prefiere realizar el encargo que se le asigna en el mismo día, la mujer organiza las horas en las cuales desarrollará el diseño, sin pasarse de los límites del tiempo, además ella se comunica con su jefe para confirmar si el diseño va de acuerdo a las disposiciones de los clientes. María prefiere trabajar de manera ligera, escoge un trabajo y se concentra al ciento por ciento, revisando cada detalle. Pocas veces a María le han devuelto un diseño, pero ella prefiere trabajar de esa forma para ser más productiva.

¿Prefieres trabajar como Alfredo o como María? Estos dos casos te demuestran lo importante que es fijar los límites y trabajar estratégicamente. Alfredo cometió el error de querer trabajar en un solo día todos los diseños y peor aún no organizar el tiempo de manera estratégica, tanta eran sus ganas de tener tiempo libre que bajó su productividad y desempeño en la calidad de sus diseños, por su parte, María prefirió dedicarse completamente a un solo diseño, de esta forma no cometió tantos errores porque se enfocó de lleno en una sola cosa. Estos dos casos te enseñan la importancia del tiempo a la hora de mejorar la productividad de manera inteligente.

Consejo 7: Controla tu atención

Controlar tu atención es una destreza vital y es un plus adicional para trabajar de manera profunda, es más la concentración está notablemente ligada con la productividad, el trabajo profundo, el desempeño laboral y el análisis mental. La atención es una de las habilidades más importantes en el emprendimiento, puesto que si no se desarrolla esta habilidad, entonces el trabajo será superficial, vacío, con errores y mediocre. Son muchas las distracciones hoy en día, pero cuando te enfocas completamente en una tarea, entonces es allí en donde puedes ver los resultados.

Si buscas en un diccionario la palabra atención, puedes encontrar significados como: Esfuerzo para percibir y comprender, demostración de respeto y afecto. Atención es sinónimo de concentración, por lo tanto, si controlas esta parte tu productividad aumentará sustancialmente, ya que no habrá ninguna causa externa que te distraiga en tu camino de emprendimiento. Cuando estás completamente inmerso en una tarea hasta el punto de sentirte en un estado de concentración profunda, en el cual todos los demás pensamientos, problemas o negatividades se olvidan de forma sustancial, en este punto se desarrolla lo denominado "flow", esto te permite sumergirte en lo profundo de tu proyecto o tarea, disfrutando al máximo cada aspecto de tu creación u obra.

Además Cal intenta comparar ciertas actividades de la realidad con el beneficio de la concentración, en este caso, se pone como ejemplo un software en perfectas condiciones, buen funcionamiento y fiable, pues bien, Newport asegura que dicho software perfeccionado requiere de tiempo y concentración total, exige que el individuo, en este caso sería un programador, se sumerja totalmente a su labor, esto exige tiempo y años de perfeccionamiento hasta el punto de presentar un excelente producto.

Consejo 8: Tener metas claras

Tener metas claras implica saber hacia dónde vas, son los objetivos visionados en un determinado lapso de tiempo, es no tener ninguna inseguridad y mucho menos actuar ciegamente a la hora de emprender un proyecto, por eso debes tener la facultad de trazar un camino, de enfocarte hacia tu mayor logro, tener un rumbo definido y claro. La meta está relacionada con las necesidades que tenemos, ya sea progresar económicamente o cumplir algunos sueños, si no tienes metas puedes tener sensaciones de vacío o una vida sin sentido e incluso tendrías poca satisfacción. Las personas que no tienen éxito son los individuos que no luchan por sus sueños, prefieren vivir una vida fracasada con negatividades en su mente, siempre envidiando el éxito de los demás. Cuando no se tiene ninguna meta, es como salir de viaje sin un rumbo fijo, es dejárselo a la suerte, recuerda que la suerte es para los mediocres y el éxito es para los triunfadores. Las metas te dan dirección, disciplina, significado de la vida, motivación y la oportunidad de avanzar sustancialmente en tu propio camino como empresario.

Para Newport las metas que no son claras o precisas son un problema para la productividad, la voluntad pasa a un segundo plano y no existen pruebas tangibles de tu avance, así como lo sugiere el mismo autor: "Si no hay metas claras, el trabajo profundo es difícil, porque el trabajo superficial se vuelve aceptable entre tanta ambigüedad, Definir una meta específica que rinda beneficios profesionales tangibles y sustanciales, genera un flujo más estable de entusiasmo".

El mismo Cal insiste tanto con las metas claras, todos los libros que encuentres de emprendimiento te insistirán en tener claras tus metas, pero ignoran el hecho de que algunas personas no tienen la menor idea de cómo tener metas claras, si es así, entonces aprenderás a tener metas precisas y consistentes. Primero siéntate cómodo, busca un cuaderno o puedes hacerlo desde tu celular, consigue una hoja limpia o el bloc de notas de tu teléfono, luego ponte a pensar en las cosas que deseas tener a futuro o a corto plazo, ya sea un empleo, un carro, una casa nueva, ayudar a tu mamá, formar una empresa o estudiar en la Universidad e incluso un viaje, en fin son muchos sueños que posiblemente tengas. Después de pensar en eso, empieza a escribir cada cosa, realiza una lista de todas las cosas que deseas. Ahora debes pensar en cómo harás para obtener cada cosa anotada, esto es una forma de proyectar tus metas. Al tener claro hacia dónde vas con tu proyecto, entonces se te hará más fácil trabajar profundamente, ¿por qué? Sencillamente porque al tener una idea firme y concisa no hay nada de desconcentración o distracciones durante el trabajo.

Los trabajos en el cual se necesita mantener toda la atención posible no se pueden delegar a otra persona, un escritor nunca le delegaría a otra persona su libro, porque este debe impregnar sus propias ideas en su labor, tampoco el dueño de una empresa le daría su lugar a alguien más, ya que el empresario tiene la responsabilidad de hacer marchar de manera óptima su trabajo o un científico que investiga sobre alguna enfermedad no puede pensar en delegarle su trabajo a alguien más, porque si lo hace, posiblemente su tarea o labor no quedará como quisiera, es más hay un dicho que dice: "Es mejor hacer uno mismo las cosas, porque otro lo hará de la peor forma posible".

Importancia del trabajo profundo

Desarrollar el trabajo profundo puede darte un mejor nivel de vida o un buen nivel económico, todos desean tener un excelente puesto o tener una empresa, si deseas obtener una gran fuente de ingresos, lo primero es saber concentrarse hasta el punto de hacer valer tu trabajo, y eso se consigue adquiriendo todo el conocimiento posible, así como lo estás haciendo ahora. También tendrás una mayor seguridad de tener tu empleo o empresa indefinidamente, cuando se hacen las cosas bien y un excelente trabajo, las personas te observan con admiración, como resultado tu jefe o tus clientes te verán con buenos ojos y confiarán en tu trabajo o en el producto que ofreces, por lo tanto, obtienes una estabilidad laboral.

Por otro lado, al adoptar el trabajo profundo puedes aprender fácilmente o adquirir conocimiento con facilidad, con esto tendrás una ventaja con aquellas personas que se encuentran llenas de distracciones y que no dan lo mejor de sí. Musk es un claro ejemplo de llevar al máximo el trabajo profundo, es tanta su habilidad de concentración que ha tenido negocios exitosos, sin duda, vale la pena trabajar de manera profunda.

En conclusión, Elon acompaña sus sesiones de trabajo con "Deep Work" o trabajo profundo. Él puede enfocarse por tiempos muy prolongados en una sola actividad hasta completarla. De acuerdo al libro de Cal Newport *Deep Work*, esta es una habilidad que se puede aprender y que gracias a la cantidad de distracciones que recibimos por redes sociales, la empleamos cada vez menos. A continuación se harán diferentes comparaciones entre algunos emprendedores importantes y Elon Musk, ¡no te pierdas el siguiente capítulo!

CAPÍTULO TRES

ELON MUSK VS OTROS EMPRENDEDORES

Sin lugar a dudas Musk es uno de los empresarios más importantes, populares y exitosos del mundo, sus cualidades lo han hecho notar en muchas de sus facetas y en sus distintos negocios, y no solo eso, su sueño por cambiar el mundo lo ha encaminado a realizar cosas bastante interesantes, como ya se había mencionado anteriormente, sus autos eléctricos, el uso de energía solar y la visión de llevar al hombre a Marte.

Es bastante interesante la vida de los demás emprendedores que están al mismo nivel de Musk en cuanto a emprendimientos, por eso en este capítulo se verán las cualidades y fortalezas de Musk con sus homólogos, de esta forma se validará la importancia de soñar en grande, tener un gran sentido de propósito, de urgencia, trabajar profundamente y demás cualidades de este gran emprendedor.

El mundo ha sido testigo del poder del emprendimiento, las empresas comienzan por esa chispa de ideas y la voluntad de un emprendedor que quiere impactar su realidad, aquel empresario comienza a prestar servicios teniendo clara sus metas, de esta forma mueve la parte económica de forma positiva, dando empleos y sobre todo mejorando la calidad de vida de los demás. En la historia humana siempre se han distinguido hombres y mujeres con cualidades de liderazgo, capaces de guiar a muchas personas hacia el éxito, estos emprendedores han empleado sus talentos para desarrollar cosas nuevas e innovadoras, cada uno tiene una historia y vida particular e incluso la habilidad de cada emprendedor es totalmente diferente y tienen otro camino distinto, pero con único fin, dejar un legado en una sociedad frágil e inquieta por el futuro.

Steve Jobs, Bill Gates, Fred Smith, Jeff Bezos, Mark Zuckerberg, Herb Kelleher, Narayana Murthy, Sam Walson y Waren Buffet. Estos hombres han sido los más grandes emprendedores de la edad contemporánea y de la actualidad, se han destacado por su gran poder de visión, por eso vale la pena comparar el éxito de cada uno con Elon Musk, de esta forma sabrás hackear los aspectos más interesantes de cada emprendedor. Según el listado de Forbes, Musk se encuentra en el top 31 de la lista para el 2020, es decir, que en comparación con años anteriores, este emprendedor ha subido rápidamente en el pedestal de los billonarios más poderosos del planeta.

Elon Musk vs Steve Jobs

Para empezar esta comparación, hay que conocer un poco la vida del fallecido Steve Jobs, del cual ha dejado un gran legado para su generación, ya que creó una de las marcas mejor posicionadas en el mercado de celulares hoy en día. Los padres de Jobs eran muy jóvenes cuando lo concibieron, eran universitarios con carreras prometedoras, pero no tenían los recursos suficientes para mantenerlo, así que decidieron darlo en adopción a un matrimonio sólido, este estaba conformado por Paul y Clara Jobs. Steve estuvo rodeado del ambiente industrial, así que a temprana edad se unió a una asociación del cual le enseñó lo último en tecnologías de la computación. La vida de Steve estuvo enmarcada por ciertos vicios de la juventud, se sentía perdido y no le encontraba sentido a su propia existencia, por eso viajó a la india a buscar iluminación. El joven fue contratado en 1974 por una empresa pionera en videojuegos.

En ese mismo tiempo, Steve Jobs conoció a Stephen Wozniak, un ingeniero con un gran talento, este estaba realizando un proyecto bastante interesante, crear microcomputadores personales, Steve apenas conoció el emprendimiento de su amigo, visualizó enseguida el éxito de esa gran innovación, puesto que en ese tiempo no había computadores domésticos o de carácter personal, de esta forma crearon el Apple I, considerado el primer computador personal de la historia. Años más adelante fundaron entre los dos la empresa Apple, según el mismo Jobs, su inspiración por el logotipo de la empresa fue un recuerdo de cuando recolectaba manzanas, todos conocen el logotipo de Apple, del cual es una manzana mordida.

El éxito tocaba las puertas de Steve, crearon más modelos de computadores, un poco más actualizados y con diseños genuinos e innovadores, cada vez se metían más y más en el mercado de los computadores, no obstante, la empresa Apple hizo público ciertas especificaciones de sus modelos, haciendo que sus competidores entendieran la forma y técnica de realizar dichos aparatos, por eso IBM lanzó su primer ordenador personal, compitiendo contra Apple. Por lo tanto, Steve Jobs para aumentar su competitividad en el mercado decidió contratar en ese entonces al presidente de Pepsi, John Sculley, para que ocupara la dirección de Apple, aunque muchos conocen esta historia, si no hubiese sucedido la gran tragedia que se avecinaba al contratar a este hombre, él no fuese llegado a ser uno de los empresarios más exitosos del mundo.

John chocaba en todos los sentidos con Steve Jobs, ambos tenían una forma diferente de pensar y estaban orientados a pensamientos totalmente paralelos, Sculley se encargó de sacar de su propia empresa a Steve Jobs, e incluso el mismo Jobs empezó a tener problemas con su gran socio y amigo Wozniak, por eso su socio decidió marcharse definitivamente de la empresa, según opiniones en ese tiempo, nadie se soportaba el genio del mismo Jobs, porque según tenía actitudes de tirano. Así con tantos problemas en la empresa Jobs decidió emprender su camino en solitario, empezando desde cero.

Más adelante Jobs creó NeXT Computer, y compró una parte de un estudio de animación, allí nació Pixar, y junto al apoyo de Disney Motion Pictures crearon muchas animaciones que ganaron muchos estatuillas en los premios Oscar de la Academia de Hollywood, muchas de esas películas las conoces, entre estas resultaron: Toy Story, Bichos una aventura en miniatura, Monster, Inc y Buscando a Nemo. Después de sus grandes éxitos, su antigua empresa Apple atravesaba una crisis, de esta forma compraron a NeXT Computer, junto a su creador Steve Jobs, con esto el empresario regresó de nuevo a su puesto, salvando a su propia empresa de una posible quiebra a futuro, Jobs consiguió interesantes alianzas, una de estas fue con Microsoft de Bill Gates.

Así llegó el momento en que Jobs cambiaría el mercado de celulares, además de su éxito con sus computadores personales, él creó una nueva marca de celulares llamado: Apple, con nuevas funciones interesantes y un desempeño óptimo, con este gran celular Jobs estaba decidido a colonizar todo el mercado de teléfonos móviles, sin embargo, Google no se quedaría atrás, así que sacó al mercado un nuevo sistema operativo llamado: Android, del cual hoy en día ocupa la mayor parte del mercado en sistemas operativos, además la mayoría de los celulares usan este sistema operativo en la actualidad, Apple es el único que utiliza su propio sistema operativo iOS. Google no debía permitir ser reemplazado en el futuro, puesto que ya sabían perfectamente que los teléfonos celulares eran el futuro.

La historia de Steve Jobs y Elon Musk tienen una clara diferencia, pero con cosas tan comunes, ambos sabían que el Internet y la parte informática eran el futuro de la humanidad, sin embargo, Jobs cometió algunos errores, ¿lograste descubrir algunos errores de su vida? Es allí en donde te puedes dar cuenta que para ser exitoso o emprendedor no debes intentar ser perfecto o hacer algo que no te apasiona. Estos dos hombres estaban enfocados en obtener el éxito con las nuevas tecnologías a futuro, pero Musk tiene algo a su favor, su visión no es a futuro, sino más bien a el verdadero futuro de la humanidad, llegará un momento en que las tecnologías limpias y renovables abarcará el mundo entero, y que las ganas de colonizar planetas en el sistema solar serán una realidad, además este emprendedor mantiene una excelente actitud, sin llegar a ser exageradamente arrogante. Musk soñaba en grande y aún lo hace, en cada momento está mejorando, es lógico que las nuevas generaciones vivirán las innovaciones de Musk de manera sustancial.

Elon Musk vs Bill Gates

Bill Gates es uno de los más grandes empresarios de la historia moderna, ha sido el precursor de una tecnología que ha dominado el mundo entero, según la última actualización de Forbes, Gates ocupa el segundo puesto, no obstante, antes del éxito de Amazon, este empresario ocupaba el primer puesto.

Bill Gates nació el 28 de octubre de 1955 en Estados Unidos, en una familia contribuyente y acomodada, del cual le dio una educación bastante buena en destacadas instituciones de educación. Estudió informática en Harvard, junto a su amigo Paul Allen creó una pequeña empresa dedicada a la creación de software o programas para empresas importantes. Más adelante se fueron para México a vender sus programas a destacadas empresas de ese país, por consiguiente, al poco tiempo fundaron su propia empresa en el año de 1975, la destacada y famosa Microsoft Corporation, esta empresa tenía como función crear programas orientados a las necesidades de los microordenadores. En sus comienzos Bill Gates tuvo que vender mucho más barato sus programas a dichas empresas.

Bill Gates con su amigo y socio querían desarrollar programas e invadir dicho mercado en bruto, en pocas palabras, su anhelo era ser el número uno en la realización de programas, y más aún en ese mismo tiempo estaban apareciendo nuevas innovaciones como los computadores personales, fomentado por el mismo Steve Jobs

Luego, Bill Gates se asoció con IBM, dándole software para sus equipos tecnológicos como ordenadores personales, esto tuvo un gran éxito en los mercados globales de tecnología, de esta forma la empresa Microsoft creció exponencialmente con sus excelentes servicios de programas para computadores. Literalmente Microsoft inundó el mercado de los sistemas operativos para computadores, siendo el número uno en empresas de este tipo, monopolizando el mercado, sin embargo, muchos de sus competidores llevaron a los estamentos judiciales a la empresa por ese motivo, pero no tuvieron éxito, la empresa continuaba obteniendo cada vez más éxito y contratos.

Sin duda, Bill Gates ha sido uno de los hombres más exitosos del mundo, en la actualidad su empresa de Microsoft aún sigue creciendo sustancialmente con sus nuevas actualizaciones, continuado con su poder dominante en los sistemas operativos para computadores, su éxito predominante es resuelto por su actitud innovadora, flexible, versátil y heterodoxa, es decir, no sigue parámetros lineales o tradicionales, sino apunta a nuevas disposiciones e innovadoras ideas. Este hombre ha dedicado su vida a transformar la tecnología a una nueva faceta más innovadora y óptima, su empresa no se queda atrás, siempre se adapta a un mundo que cada vez progresivo.

Hacer un paralelo entre Musk y Gates es una tarea difícil, ambos desde jóvenes desarrollaron un amor por la tecnología, tienen capacidades innatas e inigualables, ambos son genios y buenos ejemplos para los nuevos emprendedores actuales, no obstante, Musk ha soñado en grande, tan enormes son sus sueños de cambiar el mundo que a poco a poco va creciendo, no se ha limitado a una sola cosa o empresa, sino que ha dedicado su vida a varias empresas que cambiarán la vida del ser humano, las empresas de Musk trabajarán junto al esplendor del ser humano en el futuro próximo.

Elon Musk vs Jeff Bezos

Hablar de Jeff Bezos es gratificante y grandioso, este hombre es un claro ejemplo de emprendimiento y de optimismo, su inteligencia y talento lo llevó a ser lo que es hoy en día, aunque parezca que ya todo está inventado en la actualidad, Jeff comenzó su gran travesía por ganarse todo el mercado global. ¡Es hora de conocer su historia!

Este emprendedor nació en una pequeña ciudad llamada: Alburquerque, en el año de 1964. Su infancia fue más o menos prometedora, ya que fue abandonado por su propio padre algunos años después de su nacimiento, su madre quedó un poco vulnerable, sin embargo, salió adelante con su retoño, es así como ella conoció más adelante a Miguel Bezos, un inmigrante cubano. Su madre deseaba que Jeff estudiara en una escuela de Montessori, del cual salieron grandes emprendedores como los creadores de Google y el mismo Henry Ford. Jeff estudió ingeniería electrónica y comunicación, luego de terminar su vida Universitaria, comenzó a trabajar en Wall Street y después en una prestigiosa empresa de fondos.

No obstante, Jeff tenía una actitud curiosa, este hombre no quería quedarse toda la vida trabajando para otros, él soñaba con algo mucho más grande, por eso investigó un poco las necesidades del mercado en su tiempo, allí fue en donde concluyó que la vía más factible para desarrollar al máximo su potencial y crear algo innovador era el internet, del cual crecía exponencialmente cada año. Así que este hombre pensó profundamente en los productos que cualquier persona estaría dispuesto a pagar, tanto fue su análisis exhaustivo para emprender su nuevo negocio que usó estratégicamente los datos de los mercados con el internet. De 20 productos escritos por él en su agenda, escogió la venta de libros. Junto a su esposa, Jeff emprendió su camino hacia el éxito.

Por eso Jeff se mudó con su esposa a Seattle, para comenzar una nueva vida. El emprendedor habló con sus padres y le comentó acerca del ingenioso negocio, obviamente, el emprendedor necesitaba capital para emprender su negocio, sin duda, sus padres le dieron el dinero, fueron cerca de 3000 dólares iniciales para emprender el negocio. Montaron su primera oficina en el garaje, Jeff tenía muchas cosas que pensar, porque no tenía un nombre correcto para su empresa, ya que su abogado las rechazaba por sonar algo sombrío y poco adecuado para un mercado creativo. Este emprendedor tenía tantas ganas de hacer crecer su negocio, se cansó de investigar y buscar diversos nombres para su empresa, así que agarró un diccionario y se enamoró completamente de la frase: Río Amazon, después de tantos intentos para encontrar el nombre apropiado para su empresa, Jeff decidió que se llamaría: Amazon, su primer logotipo fue la figura de la letra A, pero rota por un río largo, característica inconfundible de su idea inicial.

Para el año de 1995, Amazon ya tenía su página web, con su logo incrustado en la parte principal de su plataforma online, pero este tenía un fondo azul con el logotipo más claro, abajo estaba el nombre de Amazon.com, con una frase bastante visionaria: "La mejor tienda de libros del planeta". Jeff con esa frase se proyectaba a hacer la mejor tienda online de libros de todo el planeta, obviamente este emprendedor visionaba con triunfar y obtener el éxito. Después de algunos meses de su lanzamiento recibió una inversión millonaria por parte de KPCB, creciendo así sus ingresos mensuales, Amazon pasó de ser una empresa de garaje a una empresa con su propia sede y oficina, sin embargo, Jeff nunca se destacó por tener una gran oficina, a pesar del notable éxito de Amazon, sus oficinas estaban ubicadas en barrios no aptos para tener un negocio próspero, además la apariencia física de la empresa le importaba muy poco, puesto que gastaba para las cosas más importantes, en ese momento muchos criticaban el aspecto de sus oficinas.

No obstante, sus ingresos crecieron a pasos agigantados, en una semana recibían cerca de 23000 dólares, si un mes tiene aproximadamente 4 semanas, entonces Amazon recibió mensualmente en ingresos un poco más de 92000 dólares, ¡eso es mucho dinero!

Jeff tenía un espíritu de superación, tenía un sentido de lucha, él quería dominar todo ese mercado y ser el número uno, por eso su actitud de superación lo llevó a visionar y a escalar esas metas que para muchos era imposible, dominar además de la venta de libros, otros segmentos del mercado. Jeff tenía muchas estrategias a la hora de emprender: Satisfacción al cliente, gestión rápida, excelente servicio al cliente fueron sus pilares para prestar un servicio genuino y ganarse el corazón de muchos clientes, y sobre todo su pilar fundamental de emprendimiento: "invertir en lo que realmente importa".

Jeff en los últimos años ha ampliado su mirada en el mercado mundial, ahora no solamente se dedica a la venta de libros en línea, sino que ofrece una gama de servicios interesantes para escritores, además si revisas su página encontrarás otros servicios como: Amazon Music, insumos para mascotas, ropa y demás artículos. Amazon se quiere adueñar de todos los mercados potenciales, tanto es su éxito que según Forbes, Jeff ocupa el primer puesto en el ranking de los billonarios más importantes del mundo, estando por encima de Bill Gates.

No obstante, no todo es color de rosas, Jeff Bezos fue nombrado en el año 2014 como el peor jefe del mundo por más de 25000 personas, los comentarios no se han hecho esperar, este hombre ha sido criticado por muchos sindicatos por ser déspota e insensible con los empleados, lo más sorprendente es lo publicado por una revista de prestigio, la New York Time, en donde miles de empleados entrevistados confirmaron de la precariedad de la empresa a la hora de mantener un ambiente laboral equilibrado, y sobre todo las constantes insensibilidades por parte de Bezos. Por otro lado, también hubo constantes críticas por la falta de interés de la empresa para ser parte de organismos que velan por el cuidado del ambiente y el impacto de las multinacionales sobre estas mismas, a pesar de las malas críticas Bezos se ha encargado de cambiar su mentalidad, enfocándose en un tema tan importante como el cuidado del medio ambiente.

Este empresario es una clara muestra de la voluntad de hacer las cosas, de cambiar el mundo y crear nuevas necesidades, Jeff es un gran ejemplo para los nuevos empresarios que no saben cómo empezar en el mundo del emprendimiento, sin embargo, Elon Musk, sobrepasa los límites del emprendimiento, su mirada está en transformar definitivamente el mercado mundial, pero no solamente lo hace por dinero, sino por llevar a la humanidad a una edad de oro, en donde los astronautas estén pisando lugares inimaginables en el espacio, esta idea sobrepasa todos los límites existentes, cada vez más el hombre quiere progresar y descubrir los misterios que encierra el mundo, Musk lo sabe y ha invertido mucho dinero en volver realidad ese sueño innato de crear un futuro prometedor y fascinante.

Elon Musk vs Howard Schultz

Howard nació en el año de 1953 en New York, su familia era humilde y de bajos recursos. Su padre era conductor de un camión del cual entregaba pañales, pero lamentablemente su padre sufrió un accidente y se rompió el tobillo, por lo tanto la pobreza impregnó a temprana edad la vida de Howard. Como era de esperarse en una familia tradicional, el padre del emprendedor era el encargado de llevar la economía de su familia, al no tener un seguro o alguna compensación para su accidente, la familia la pasó bastante mal cierto tiempo.

Sin embargo, la madre del joven quería un buen futuro para él, así que Howard se ganó una beca deportiva para estudiar en la Universidad, pero el emprendedor no quiso continuar con esto y se retiró del fútbol, perdiendo su beca, sin embargo, más adelante el propio Howard se encargaría de pagar por sí solo su semestre universitario, empezó a trabajar como camarero y tuvo diferentes trabajos adicionales, además tenía ingresos extras por donar sangre, Howard no se quería quedar estancado en esos trabajos, deseaba terminar su carrera universitaria y disfrutar los beneficios como un profesional listo para entrar en el mercado laboral.

Al terminar su carrera, Howard ingresó a trabajar en un albergue de esquí en Michigan, sin embargo, en ese tiempo no sabía qué hacer con su vida, muchas dudas entraron en su corazón, estaba indeciso, su camino y visión futura estaban nubladas por una densa niebla, por decirlo de alguna forma, pero este emprendedor no se quedaría con los brazos cruzados. Por eso se incorporó más adelante en la sección de ventas de Xerox, obteniendo muchos conocimientos y un aprendizaje notable en las ventas con clientes potenciales, esto desarrolló en el joven Howard un potencial talento para las ventas, trabajó allí por tres largos años.

Después de eso trabajó en una empresa que vendía productos para el hogar, llamada Starbucks, su ingeniosa destreza y liderazgo excepcional lo encaminaron a obtener un buen puesto en la empresa, sus diversos viajes con proveedores lo convirtieron en un gran admirador del café italiano, desde allí nació su fascinación por el café gourmet.

Cuando Howard empezó a entender el gran negocio del café se le encendió la chispa de las ideas, él sabía que su idea de negocio sería un éxito, por eso renunció a su trabajo y emprendió la gran travesía de todo emprendedor, buscar financiamiento. Esa época fue tan humillante para el joven Howard, muchos le lanzaban comentarios negativos, intentaban destruir sus sueños e ilusiones. A pesar de eso este joven seguiría buscando financiamiento, a pesar de recibir toda clase de comentarios, Howard alcanzó a recolectar más de 2 millones de dólares. II Giornale, era el nombre de su nueva empresa. Por supuesto su emprendimiento estaba inspirado en el café italiano, copándose así en el mercado del café en los Estados Unidos, el propio Howard compró a Starbucks, su antiguo hogar laboral, de esta forma abrió muchos establecimiento en varias partes de los Estados Unidos, creando bastante éxito en ese mercado.

Pero, lamentablemente con la recesión Starbucks vivió su más terrible tiempo, por eso en ese período decidió cerrar su empresa por algunas horas, capacitando a todo el personal en ventas, fue muy difícil que este empresario saliera adelante frente a una crisis económica mundial, son pocos los emprendedores que salen adelante en las recesiones económicas. Howard demostró su gallardía al poder lidiar con semejante crisis financiera, él trajo la eficiencia, el buen servicio al cliente y sobre todo una visión de esperanza frente a los obstáculos económicos que atravesaba el mundo en ese tiempo.

Cada emprendedor tiene ese algo que los hace único e irremplazables, Musk y Howard han demostrado una firmeza genuina al enfrentar las viejas costumbres y a desafiar antiguas formas de manejar los negocios, también se enfrentaron con malos comentarios de individuos con mentalidad pequeña, sin embargo, no se llevaron por el comentario de los demás, sino más bien por sus ganas de triunfar, Howard visionó el éxito del café, mientras que Musk lo hizo más profundo, visionó hacia una nueva necesidad, la de salvar el planeta de la gran amenaza mundial de la contaminación y las energías nocivas.

Elon Musk vs Larry Page & Sergey Brin

Estos dos personajes han cambiado el internet de una forma crucial, Larry Page y Sergey Brin han creado una de las empresas más grandes del mercado tecnológico, Google ha dominado completamente la web, es el navegador número uno utilizado en el mundo, ¡es hora de conocer la historia de estos dos hombres!

Larry Page nació el 26 de marzo de 1973, en Michigan Estados Unidos. Sus padres trabajaban en la misma Universidad de su ciudad natal, desde su infancia había demostrado una fascinación por la tecnología, le causaba un interés profundo los ordenadores, es más el joven admiraba notablemente a Nikola Tesla, uno de los grandes genios que visualizaba cambiar el mundo con sus inventos.

Tuvo una gran disciplina en sus estudios universitarios, su rendimiento era apropiado para un joven con ganas de comerse el mundo entero, por lo tanto se graduó con honores en la Universidad de Michigan, Page tenía una destreza para la computación, tanto que después de su graduación obtuvo varias becas para poder aumentar más su nivel de aprendizaje, llegando a tener un doctorado en ciencias de la computación y luego le otorgaron un máster en Administración de Empresas, con estos reconocimientos y becas, Larry era un hombre con un intelecto bastante avanzado.

Por su parte, Sergey Brin nació en la Unión soviética en ese entonces, en el año de 1973, hijo de un profesor de matemáticas, su familia decidió emigrar a los Estados Unidos cuando el joven tenía tan solo 6 años de edad. El infante tuvo la oportunidad de enamorarse profundamente de las matemáticas, ya que su padre era profesor de esta materia, Brin sentía una pasión por los números y la lógica, por eso decidió estudiar matemáticas y computación en una prestigiosa Universidad, su intelecto y talento no fueron desapercibidos por sus compañeros y profesores, por eso se graduó con honores, obteniendo una beca para hacer un postgrado en la Universidad de Stanford.

Sergey y Larry se conocieron en la inducción para estudiantes nuevos de la Universidad de Stanford, muchos concuerdan que los dos no se llevaban muy bien, tenían tantas diferencias en cuanto a sus ideologías y pensamientos, sin embargo, esto no fue un obstáculo para que los dos visualizarán la misma idea, empezaron a trabajar juntos en pequeños proyectos de la Universidad, ellos tenían algo en común, de las cuales los unía notablemente, esto era su pasión por las matemáticas. Así como muchas páginas de biografías afirman sobre los inicios de estos grandes hombres:

> "Conoció a Serguéi Brin en unas jornadas de orientación para nuevos estudiantes en la Universidad de Stanford. Al principio no se llevaron muy bien, parecían estar en desacuerdo en casi todo aunque muy pronto se hicieron amigos y empezaron a compartir ideas, especialmente en su interés matemático por la World Wide Web. Entre ambos escribieron un artículo "The Anatomy of a Large-Scale Hypertextual Web Search Engine". (Busca Biografías, 2018)

Después de trabajar largo tiempo juntos, ambos idearon la forma de hacer algo innovador y único, así que comenzaron a crear un buscador capaz de mostrar todas las páginas de acuerdo a una temática con un solo clic, la primera versión del navegador tuvo el nombre de BackRub, en sus inicios el navegador demostró ser viable, por lo tanto los ingeniosos estudiantes decidieron buscar ayuda financiera por amigos, familiares, y profesores de la Universidad para así comprar servidores y comenzar su gran emprendimiento, les fue tan bien que decidieron abandonar la Universidad y meterse de lleno con su gran innovación. Después de cierto tiempo una sorpresa llegaría a sus vidas.

Sun Microsystems les otorgó un cheque por cien mil dólares, en ese entonces el nombre de la compañía había cambiado por el de Google, Inc. Así que en el año de 1998 fundaron definitivamente Google, esta empresa creció esporádicamente, siendo el navegador número uno del mercado, sus ingresos también aumentaron y el valor de sus acciones crecieron hacia arriba, Google demostró ser un navegador confiable, rápido y sobre todo con una capacidad incalculable para guardar cantidades enormes de información. Sus alianzas también crecieron, la mayoría de los celulares tenían incorporado todos los productos de Google e igualmente los computadores. No obstante, estos dos genios no se querían quedar con los brazos cruzados, visionaron más allá de lo obvio y decidieron también crear diferentes productos accesibles, no se conformaron con ser solamente un navegador, sino más bien se enfocaron en abarcar otros mercados más interesantes como: Aplicaciones para la educación, videollamadas, traductor, galería, noticias, almacenamiento de archivos e incluso Google ha lanzado celulares con su propia marca.

Lo interesante de estos emprendedores es que nunca se quedaron estancados en un solo servicio, trascendieron sus expectativas para ampliar sus servicios y captar más clientes potenciales, es aquí en donde se puede comprender la esencia del emprendimiento, nunca quedarse estancado en una sola cosa, sino buscar otras fuentes de ingresos y de esta forma cambiar la forma en la que la tecnología avanza sustancialmente. Estos dos emprendedores tienen tanto en común con Elon Musk, nunca estancarse con sus emprendimientos, y crear más proyectos para impactar el mercado en todos los sentidos, lo hermoso del emprendimientos es que crea trabajo, con esto baja la tasa de desempleo en un país, las personas tienen ingresos y la economía se mueve y crece.

Estos grandes emprendedores tienen toda la esperanza puesta en la tecnología, hacer un paralelo de sus vidas es muy interesante, ya que tanto Larry y Sergey se enfocaron en crear un navegador capaz de dominar el mercado, ambos tenían una fascinación por las matemáticas y la tecnología, se graduaron con honores, Elon también le fascinaba todo lo relacionado con la actividad informática, su inteligencia innovadora lo ayudó a emprender sus grandes negocios, al igual que los creadores de Google, los tres tuvieron un sentido común y de propósito. Sin embargo, más adelante en el futuro Musk dominará los mercados automovilísticos, de energía y sobre todo la espacial, el futuro de la humanidad se encuentra en las estrellas y hay una gran razón para creer que esto es cierto, investigaciones por científicos han sugerido que el planeta tierra llegará a un periodo de deterioro, nada dura eternamente, el planeta tierra también morirá y perecerá en algún momento, así como lo han hecho otras estrellas, Musk es consciente de todo esto, y por eso ha invertido mucho dinero en costear cohetes capaces de llevar a la humanidad a otros mundos, pero el primer paso es Marte, si se llega a este planeta, sin duda una nueva visión de colonizar el espacio llenará la voluntad de todos los habitantes del planeta, parece una película de ficción, pero en el futuro todo esto será una gran realidad.

Elon Musk vs Mark Zuckerberg

Todos conocen al creador de Facebook, Mark Zuckerberg, uno de los multimillonarios más jóvenes del mundo, un niño prodigio con una mente brillante e innovadora. Este genio nació en el año de 1984, en la ciudad de Nueva York en los Estados Unidos. Su padre era odontólogo y su madre psiquiatra, su familia no era muy rica y tampoco pobre, era una familia educada y acomodada. Como todos los emprendedores mencionados anteriormente, Mark fecundó desde muy niño la pasión por la tecnología y los sistemas de información, tanto fue su amor por las plataformas virtuales, que desarrolló su primer prototipo de mensajería online a la edad de doce años, su padre lo utilizaba en su consultorio para comunicarse con su asistente, la familia también lo usaba en la casa. Sus amigos también disfrutaron de esta aplicación de mensajería, Mark demostraba un talento grande en la creación de aplicaciones virtuales, además hizo varios mini juegos para computadores.

Pero, las ganas de este joven por conocer más a fondo la tecnología creció considerablemente, por lo tanto, su familia decidió contratar un tutor privado, sin embargo, el joven prodigio quería más y más conocimiento, él mismo realizaba investigaciones y estudiaba a fondo sobre el tema. Más adelante grandes empresas estaban interesadas en el gran talento de este genio, le ofrecieron contratos millonarios para que desarrollara una aplicación de mensajería parecido al prototipo creado por él mismo años antes, sin embargo, Mark rechazó estas ofertas rotundamente y prefirió estudiar en la Universidad de Harvard, allí creció su gran talento para la programación, también su popularidad aumentó hasta el punto en que la mayoría de los estudiantes lo conocían por sus altos conocimientos en programación avanzada, el joven hizo varios programas para mejorar la facilidad de los estudiantes a la hora de matricular algunas materias, el programa se llamaba: Course Match.

Mark era muy querido por sus compañeros, su mente innovadora y sus ganas de crear cosas poco a poco lo acercaban hacia el éxito. Por eso, tres compañeros de estudio al descubrir la popularidad de Mark al crear programas sociales le propusieron que él los ayudase en crear una plataforma de citas online para la Universidad, Mark aceptó, sin embargo, este hombre visionó algo mucho más grande, tener su propia red social, por ese motivo decidió no continuar con el proyecto de citas online, y por consiguiente, le comentó a sus mejores amigos acerca de su nueva idea de emprendimiento, crear una red social para la comunidad universitaria de Harvard, en donde las personas tuvieran las opciones de colocar sus fotos, hacer publicaciones y sobre todo conectarse socialmente a través de mensajes virtuales. La popularidad de esta gran idea creció exponencialmente, así que Mark decidió abandonar la Universidad y dedicarse de lleno a su gran invento. A finales del año 2004, Facebook ya tenía cerca de 1 millón de usuarios en su ciudad, más adelante la empresa recibió mucho dinero, de esta forma se expandió en todo los Estados Unidos y en otros países, atrayendo a millones de usuarios, con este éxito muchas empresas importantes estaban interesadas en adquirir Facebook, sin embargo, Mark no tenía la disposición de venderlo, ya que este joven emprendedor tenía la certeza de que podía obtener mucho más dinero en los tiempos venideros, literalmente su visión de emprendedor lo llevó a tomar la mejor decisión de no venderlo.

Al obtener muchos ingresos y buenas inversiones, Mark comenzó a agregarle nuevas funciones a su red social, trayendo mucho más usuarios a nivel mundial. Pero no todo era color de rosas, Mark tuvo una demanda más adelante por robo de idea por parte de sus excompañeros de clases, en el cual lo acusaron de robarles la idea inicial de una red social, esto tuvo un gran revuelo a nivel mundial, la polémica por quién tenía la razón era el pan de cada día en ese año, no obstante, un acuerdo de ambas partes acabó con el bochornoso momento.

Después de tantos líos legales, el éxito de Mark siguió en aumento, era uno de los billonarios más jóvenes de la lista de las personas más ricas del mundo, obtuvo grandes premios y reconocimientos, superando a grandes empresarios como los creadores de Google en cuanto a fortuna. No obstante, muchas personas piensan que Zuckerberg solamente tuvo un golpe de suerte, algunos aún lo siguen criticando, y hasta piensan que él no debería de estar en la lista de los empresarios más exitosos del mundo, pero Mark ha dejado un camino para que los jóvenes tengan la certeza de que se puede triunfar a pesar de la edad. Actualmente, Facebook es la reina de las redes sociales, no existe otra red social capaz de generarle competencia o igualar sus funciones, en pocas palabras, esta compañía reina en el mundo de las redes virtuales con fines de interacción, además, Facebook de ser una red solamente para socializar pasó a ser una red generadora de empleos, de enajenación de bienes, de educación, de anuncios y de miles de funciones que satisfacen a los usuarios que interactúan en ese espacio.

Algunas frases de Mark son: "Muévete deprisa y rompe cosas. Si no rompes nada, no te estás moviendo bastante rápido, la cuestión no es ¿Qué queremos saber de la gente? sino ¿Qué quiere contar la gente sobre ellos mismos?".

Hacer un paralelo entre Mark y Elon es abrumador, comparar sus grandes ingenios es caer en la duda de saber quién es el mejor, no obstante, si analizas profundamente sus proyectos podrás percibir que Facebook puede ser reemplazado por alguna otra plataforma, por eso esta red social debe estar creando nuevas funciones y productos en cada momento, aún no ha nacido una red social que iguale a Facebook, pero cuando salga probablemente sea capaz de quitarle su trono a esta gran compañía social. Por su parte, las ideas de Musk perdurarán eternamente en el futuro, en donde su voz será la única esperanza para salvar a la humanidad de un fin inevitable en este planeta.

Elon Musk vs Herb Kelleher

Comparar a Elon con Herb es complicado, ambos se dedican a dos cosas muy diferentes, Herb al tema de los aviones y Musk al de la tecnología. Sin embargo, es interesante analizar la historia de Herb Kelleher y su camino para encontrar el éxito en una de las industrias más competitivas del mundo.

Herb o Herbert nació el 12 de marzo de 1931, en Estados Unidos. Su padre fue el gerente de una fábrica prestigiosa. Su infancia fue un poco difícil, ya que con la guerra muchos de sus familiares se fueron a otros países, además habían muerto su padre y su hermano, la tristeza inundaba tanto a la familia, pero el amor de una madre es mucho más grande que el implacable dolor de la muerte, así que ella crió a su hijo en un hogar lleno de ética y amor al trabajo. Aunque no se destacó por ser un genio, este hombre llevaba en la sangre el trabajo arduo y el liderazgo, heredado por su fallecido padre. En 1953 se graduó en Licenciatura en inglés y filosofía, Herb había hecho en su corta vida muchas cosas, al parecer él no hallaba su verdadero camino, ya que quería ser periodista, pero alguien lo convenció para que estudiara leyes, finalmente terminó su carrera empezando una vida laboral productiva.

Herb empezó a sentirse vacío con su trabajo, quería hacer algo más que lo apasionara y le diera un nuevo aliento de esperanza, el destino se encargó de presentarle en su camino a Rolling King, un cliente vinculado con la parte de transportes aéreos, desde allí le nació el interés por ser parte del negocio del transporte de aviones, la idea de estos dos hombres era lanzar una nueva línea aérea a bajo costo, para personas de estrato medio y alto. Esta gran idea entusiasmó tanto al emprendedor que decidió juntar dinero para comprar su participación en el proyecto. La aerolínea tuvo el nombre de Air Southwest Company, aunque algunos obstáculos legales se incrustaron en el camino de Herb y sus socios, salieron victoriosos de eso, así que en junio de 1971, lanzaron su primer vuelo.

A pesar del éxito de la compañía, las diferencias de sus colegas se hicieron notar, había un ambiente pesado, casi todos los días sus socios tenían diferencias, por lo tanto, Lamar Muse CEO en ese entonces de la compañía decidió renunciar a su puesto, como resultado Herb ocupó su lugar en la compañía. Después de varios acontecimientos internos de la empresa, Herb ocupó dos veces el mismo puesto de presidente y CEO, hasta que definidamente se quedó con el puesto, desde allí el destino de la compañía cambiaría positivamente. Muchos creían que Herb fracasaría, había muchas críticas y menospreciaban su capacidad de liderar y llevar a la compañía al éxito, este hombre calló todas las bocas dañinas a su alrededor, haciendo un gran avance y crecimiento en los ingresos de la compañía, obviamente, este hombre debía aprender demasiado y a instruirse de forma profunda en el negocio y las estrategias para mantener el éxito en la aerolínea, con tantos esfuerzos logró hacer crecer el patrimonio de la empresa.

Herb se enfocó en los bajos costos y a un excelente servicio al cliente, además inspiraba a sus trabajadores, desarrollándoles un sentido de pertenencia con la propia empresa, haciéndolos sentir como si fuese suya, esta acción hizo que la productividad fuese fenomenal, al igual que el servicio al cliente. Esta forma de pensar fue confirmada por el propio emprendedor para un programa de televisión:

> Las escuelas de negocios plantean un enigma. Decían: "Bueno, ¿quién viene primero? ¿Sus empleados, sus accionistas, o sus clientes? Pero no es un acertijo. Sus clientes son lo primero. Y si usted trata a sus empleados correctamente, ¿adivinen qué? Que atienden bien y sus clientes se sienten satisfechos y vuelven, y esto hace felices a sus accionistas. Comience con los empleados y el resto vendrá solo. (Herb Kelleher)

La historia de Herb es muy diferente a la de Musk en todos los sentidos, aunque hay una cosa común, ambos ambicionaban por ser algo más que tener un título profesional. No obstante, Herb se demoró en saber lo que realmente quería para su vida, tropezó varias veces para encontrar su camino, no usó el trabajo profundo para facilitar su desempeño, ya que fue removido dos veces de su puesto como CEO, y muchos no creían tanto en sus capacidades, hasta el punto de subestimarlo, pero este hombre demostró todo lo contrario. La visión de Musk es mucho más amplia que la de Herb, porque en cualquier momento los transportes pueden cambiar, otra empresa puede nacer reemplazando las industrias aéreas en donde el transporte es el avión. Solamente el tiempo se encargará de responder quién es el mejor.

Elon Musk vs John Mackey

Este paralelo entre Musk y John Mackey es un poco complicado de hacer, ya que en este caso estos dos personajes tienen gustos totalmente diferentes, además sus negocios son distintos en todos los sentidos, pero sin duda hay muchas razones para realizar este paralelo, ambos tienen en la sangre el sacrificio y la lucha para mantener un negocio viable.

Mackey nació el 15 de agosto de 1953 en la ciudad de Texas en los Estados Unidos, muchos opinan sobre la verdadera esencia de este hombre, desde muy niño John tenía un espíritu pacífico, noble y sobre todo espiritual, su actitud armoniosa era admirada por sus familiares, este hombre era una persona equilibrada, su personalidad era única y diferente a la de los jóvenes en su tiempo. Desde muy joven empezó a atraerle todo lo relacionado con la naturaleza, la paz, la tranquilidad, la comida saludable y el gran poder que tienen los vegetales, así que este hombre se inclinaba más por la cultura hippie, por este motivo perteneció a una comunidad con este estilo de vida.

Sus ideales lo encaminaron a estudiar religión y filosofía en una Universidad prestigiosa de su ciudad, sin embargo, este hombre se vio en la necesidad de buscar trabajo para pagar sus gastos en la Universidad, por este motivo comenzó a idear un plan para en solventar su vida económica, aunque Mackey no estaba de acuerdo, tuvo la difícil decisión de renunciar a sus estudios y de abrir un local de comida vegetariana, él comenzó poco a poco a idear su plan de negocio y como el emprendedor tenía esa pasión por la vida saludable decidió hacer lo que más le gusta, cambiar la alimentación dañina de las personas por una saludable, sin embargo, en ese proceso su esposa René Lawson le fue de gran ayuda, ambos le pidieron dinero a algunos familiares para poder tener el capital necesario y montar la nueva empresa de comida saludable, sus intentos por buscar dinero dieron fruto, juntaron cerca de 45000 dólares, con ese dinero comenzaron su gran aventura de emprendimiento. No obstante, Mackey tenía algo en su corazón, su idea original era impactar el estilo de vida de los ciudadanos de su ciudad e incluso del mundo entero, el emprendimiento de este hombre no era netamente monetario, sino más bien había algo profundo, ser un precursor de la comida vegetariana.

El éxito de su nueva empresa crecía lentamente, pero en dicho proceso empezaron a ocurrir cosas que sin duda afectarían a la joven pareja, las deudas comenzaron a aparecer, así que en el apartamento en donde vivían fueron desalojados, sin rumbo y sin casa esta joven pareja decidió vivir en su propia empresa, la incomodidad de vivir allí era notable, ya que no había baño, por lo tanto debían ingeniárselas a la hora de tomar un baño, por otro lado, el ambiente laboral era bastante pesado, los problemas con sus empleados era el pan de cada día. Mackey sabía perfectamente que debía tomar otro rumbo con su empresa, por este motivo se aliaron con Craig Weller y Mark Skiles, entre ellos crearon a Whole Food Market, convirtiéndose en un éxito en los Estados Unidos, ya que era una de las pocas empresas que tenían productos naturales.

Con la llegada de esta nueva empresa al mercado comenzaron a cambiar la vida de muchas personas, llenaron el mercado global con la necesidad de comer saludablemente, de tener un estilo de vida encaminado a una alimentación de vegetales y frutas. Además este hombre se enfocó no solo a restaurar la alimentación de las personas, sino a vender sus productos con una excelente calidad, Mackey tenía un gran espíritu honesto y de ayuda, por eso tenía una mentalidad orientada en darle lo mejor al cliente y hacer una agradable experiencia sus compras. Lamentablemente en los años siguientes un gran desastre destruyó una parte de la empresa, afectando de forma notable la vida de este entusiasta emprendedor, sin embargo, sus vecinos le tenían cariño y aprecio, muchos lo ayudaron a reparar los daños de su empresa sin pedirle un solo centavo, lo hicieron de manera voluntaria, por eso en menos de un mes este hombre abrió de nuevo las puertas de su negocio, desde allí el éxito de Mackey tomó una gran fuerza.

Con todo lo que vivió, John se dio cuenta del secreto de los grandes negocios, mantener clientes felices y fieles, junto a empleados satisfechos y comprometidos con la empresa, sin despreciar el puesto de cada uno. Este emprendedor recibió algunos premios importantes, además, su corazón fue tan noble que decidió solamente ganar de su propia empresa 1 dólar al año, creando un fondo solidario para alguna emergencia que tuviesen sus empleados. Los ingresos de Whole Food Market crecieron a pasos agigantados, todos los días ingresaban al negocio varios miles de dólares, el emprendedor se daba cuenta de las razones de su éxito, trabajar por el bienestar de la humanidad y trascender en la vida de las personas para hacer un cambio positivo.

Mackey en su libro "Liberando el espíritu heroico de los negocios", dijo:

> El mito de la maximización ha hecho mucho daño a la reputación del capitalismo y a la legitimación de los negocios en la sociedad. De ahí la necesidad de una nueva narrativa capitalista que restaure la verdadera esencia: que la propuesta y misión de los negocios es mejorar nuestras vidas y crear valor para todos los grupos de interés. (Mackey, 2013)

La vida de Mackey y Musk son diferentes desde todas las perspectivas, sin embargo, hacer un paralelo entre estos grandes del emprendimiento es bastante interesante, por su parte Mackey con su gran éxito empresarial de comida saludable comenzó un auge en el mercado por comer sano, saliendo así muchas empresas menos costosas para darle competencia a la empresa de Mackey, estas nuevas empresas idearon un modelo de negocio rentable y prácticamente con un precio inferior al de los productos del empresario, dándole una batalla sin precedentes a su gran competencia, además Whole Foods al ser una empresa con recorrido y prestigio los precios eran un poco más elevados a pesar de presentar una excelente calidad, certificaciones orgánicas y sobre todo un llamativo empaque, esto hizo que los costes fuesen más elevados, por lo tanto la segmentación del mercado cayó notablemente para una minoría de personas. Por este motivo la compañía terminó en manos de Amazon.

En pocas palabras el modelo de venta masiva de productos orgánicos y de comercio justo de Whole Food terminó siendo un fracaso, sin embargo, no se le puede quitar a este emprendedor su iniciativa de querer cambiar el mundo, su gran invento terminó haciéndolo fracasar en todos los sentidos, pero su experiencia deja un gran ejemplo para los nuevos emprendedores: "Hay que innovar constantemente y no confiarse del éxito". Por su parte Musk se ha mantenido en la raya, hace todo lo posible por innovar y crear nuevos negocios viables sin descuidar los demás, no se estanca en un solo proyecto y mucho menos espera a que sus competidores "se lo coman vivo", por decirlo de alguna forma, siempre va proyectado hacia un futuro prometedor, intentando, renovando y sobre todo con la esperanza de crear más objetos para el beneficio de la humanidad.

Musk vs Narayana Murthy

Conocido como Narayana Murthy, pero su nombre real es: Nagavara Ranarao Narayana Murthy. Este hombre nació el 20 de agosto de 1946 en Kamataca, India, en una familia de clase media. Desde joven le interesó bastante la ingeniería, pero su padre quería que estudiara leyes o algo relacionado con la política, el sueño de su padre era verlo como un funcionario político del gobierno, pero Murthy quería seguir sus propios sueños.

El emprendedor realizó una maestría en tecnología, Murthy tenía seguridad de querer hacer cosas grandes, su mente innovadora y empresarial lo condujo a crear su primera empresa llamada: Softronics, ya él tenía un trayecto importante como líder, es más ocupó el puesto como jefe de programación para una compañía de software. Con esa experiencia quería comenzar su propio negocio, este hombre tenía claro lo que quería para su vida, manejar su propia empresa, a pesar de sus ganas por triunfar en el mundo de la tecnología terminó fracasando con su primer intento, sin embargo, esta situación no lo detuvo para nada.

En el año de 1981 Murthy había ideado un plan de negocio para un nuevo proyecto vinculado con la tecnología, su esposa le terminó prestando el dinero que necesitaba para empezar, así que luego creó diferentes alianzas estratégicas con personas que creyeron en su negocio, de esta forma fundaron Infosys Technologies Limited, una empresa dedicada a los sistemas de información o software, este hombre visionaba por cambiar la vida de su país carcomida por los problemas políticos, a pesar de estar rodeado de un gobierno dividido, el emprendedor decidió continuar con su propósito, visualizaba ser una competencia para las empresas occidentales y poderosas que invadían completamente los mercados de la tecnología. Con esfuerzo, sacrificio y fortaleza sacó adelante su gran negocio de emprendimiento, buscando clientes potenciales y haciéndose notar poco a poco. El éxito vino a su puerta y se quedó para competir con grandes empresas de software, dando empleo y mejorando la calidad de vida de sus compatriotas.

La empresa de Murthy gana más de 5500 millones dólares cada año, convirtiéndose en una de las personas más ricas del planeta, muchas personas lo consideran como el Bill Gates de la India, además ha recibido muchos premios y reconocimientos como empresario del año, su ejemplo es admirado por muchos jóvenes en la India. Su lucha por conseguir las cosas de su corazón, su trabajo en equipo, y sobre todo su fe en sus ideales lo transformaron en un hombre admirable en todos los sentidos, le demostró al mundo que en la India también hay emprendedores con visión de cambiar la vida de las personas. Así como lo argumenta uno de los escritores que se tomó la tarea de entrevistarlo en su libro: "El Secreto multimillonario: 20 principios de riqueza y éxito":

> Actualmente Infosys es considerada una de las empresas con mayores recursos y más desarrolladas de la India, además ofrece las

mejores condiciones de trabajo disponible para sus empleados. Y por supuesto, en la casa de huésped de Infobys en Delhi en donde realizamos la entrevista había aire acondicionado. Hoy en día Narayana Murthy es multimillonario. Infosys es la empresa más grande de software del mundo y tiene contratado a 200 mil programadores, es decir, más que Microsoft, Apple y Google juntos. En 2003 Narayana Murthy fue nombrado World Entrepreneur of the Year, lo que quiere decir que fue el mejor empresario del mundo, por decirlo de alguna forma. (Rafael Badziag)

Esta comparación entre Musk y Murthy es inimaginable, ambos son grandes, ambos luchan por cambiar sus realidades, tienen esa chispa de dar nuevas oportunidades y de hacer crecer la economía. Es muy difícil escoger el mejor, no obstante, si Murthy no comienza a expandirse en ofrecer nuevos servicios o productos para llegar a un mercado más amplio, llegará un momento en que sus rivales o competencias empiecen a desarrollar estrategias para abarcar a futuro grandes mercados e incluso fidelicen clientes con necesidades diferentes, además este hombre no debe confiarse de su gran éxito, ya que en Estados Unidos cada vez más sacan nuevas tecnologías orientadas a reinar en los mercados mundiales. Por eso Musk está enfocado en meterse poco a poco a los mercados, creando una necesidad y procurando mantener la esperanza de ir más allá del universo.

Elon Musk vs Warren Buffett

Esta comparación entre Musk y Warren Buffett es fenomenal, estos dos empresarios son una clara muestra del uso de la visión empresarial y cómo esta habilidad es la clave a la hora de invertir en negocios prometedores. Ahora verás la historia de uno de los inversionistas más audaces del mundo.

Warren Buffett nació el 30 de agosto de 1930, en Omaha, Nebraska, su padre se llamaba: Howard Homan Buffet, este era un corredor de bolsa. Desde muy niño Buffett tenía un espíritu emprendedor, el trabajo de su padre le dio las bases para poder entender el mundo de las finanzas, con tan solo 11 años de edad Warren compró su primera acción en la bolsa. Buffett tenía un espíritu trabajador, era inquieto y con gran sentido de propósito, y más aún, este hombre vivió la depresión de 1929, dándole a Warren las razones del importante valor que tiene el dinero. En su juventud decidió trabajar como repartidor de periódicos para ganar algo de dinero, además mientras estudiaba en la Universidad de Pensilvania probó suerte con diferentes trabajos, en ese tiempo buscaba su propio camino, así que entró en diferentes Universidades, una de ellas fue la Columbia Graduate Business School, del cual estudió economía. En sus estudios como economista se desempeñó de forma óptima, obtuvo muy buenas calificaciones, era uno de los mejores de su clase, así que posteriormente empezó a trabajar para Benjamín Graham en el año de 1952, su cargo era analizar y revisar los informes y los movimientos en la bolsa de valores.

Más adelante, su jefe se retiró del negocio, por lo tanto, Buffett tomó su propio camino creando una empresa en su ciudad natal, sus familiares y amigos le dieron el capital necesario para que él pudiese abrir su nuevo negocio, esto fue un gran éxito para su carrera como inversionista, desde ese momento su vida comenzó a cambiar desmedidamente, tanto fue su éxito con los negocios y las inversiones que fundó una compañía llamada: Buffett Associates, Ltd. En ese momento, Warren manejaba demasiado dinero, el efectivo en sus manos crecía de forma rápida, este hombre tenía tantos conocimientos en las inversiones que estaba haciendo crecer una fortuna inmedible.

Con el paso de los años Warren pasó a ser uno de los inversionistas más ricos del mundo, es más, cuando hubo la recesión en el año 2008, el empresario le prestó dinero a muchas empresas que estaban en quiebra, dándole como resultado buenos ingresos en el futuro. Este hombre ha sido inspiración para muchos libros de emprendimiento y sobre todo para la temática de las inversiones a largo plazo. Buffett tiene la facultad de visualizar a futuro todas sus inversiones, no invertía por capricho, sino que veía la viabilidad de sus negocios, además sus conocidos creían en su gran destreza para las inversiones, colocando en sus manos capital y mucho dinero. Warren ha dicho muchas frases inspiradores a la hora de emprender, una de estas se refiere a la contratación del personal:

> Alguien dijo una vez que cuando contratas a alguien debes buscar tres cualidades: integridad, inteligencia y energía y, si la persona que contratas no tiene la primera, las otras dos te matarán. Si lo piensas tiene sentido. Si contratas a alguien sin integridad, realmente debes querer que sea tonto y perezoso. (Warren Buffett)

No obstante, no todo es color de rosas, Warren también ha cometido grandes errores en su proceso como empresario e inversionista. Una de sus derrotas, del cual le costó más de 200 mil millones de dólares en pérdidas fue una empresa de textiles, él no tenía experiencia en sacar adelante este tipo de negocio, sin embargo, intentó y terminó fracasando, ya que esta industria en los Estados Unidos exigía un coste elevado, en comparación a los ingresos que se pueden obtener. Otro grave error para este empresario fue vender sus acciones de Disney, en ese entonces la compañía estaba comenzando a triunfar, pero Warren decidió venderlo por 6 millones de dólares, ahora las acciones de Disney valen mucho dinero, si este empresario se fuese quedado quieto, actualmente ganaría mucho dinero con varias acciones de esta gran compañía.

También perdió mucho dinero en una compañía de zapatos llamada: Dexter Shoe Company, se confió creyendo que esta empresa ofrecía una competitividad imponente, pero al poco tiempo esta empresa desapareció del mercado. Con todo esto se puede comprender que nadie ha acertado en el primer tiro, todos en alguna ocasión han fracasado, pero la diferencia es que estos hombres poderosos no se han dejado atribular por los fracasos, al contrario, insisten en obtener el éxito, aprenden de sus errores, la mayoría de los emprendedores tienen ese espíritu. Por otro lado, comparar el talento de Elon Y

Buffett es demasiado difícil, ambos han demostrado que los sueños se pueden volver realidad. Pero, el mundo de las finanzas es demasiado frágil, cuando llegue una nueva crisis económica o una recesión, las acciones de la mayoría de las bolsas tendrán números rojos y flechas hacia abajo, muy pocos desconocen lo frágil que es la economía mundial... Una pandemia, una guerra económica o una tragedia puede cambiar las bolsas de valores, hasta el punto de hacerle perder mucho dinero a los inversionistas, por eso invertir el dinero es un decisión compleja, ya que se puede obtener riqueza en tan poco tiempo y a la vez perder todo en unas cuantas horas. Musk se ha enfrascado en invertir hacia el futuro, en donde la humanidad tenga la ventaja de vivir en otro planeta.

Conclusiones de los paralelos entre Musk y otros empresarios del mundo

Con tan solo leer la historia de cada empresario exitoso del mundo, se puede comprender que no existe una fórmula para hallar el éxito o la fortuna, es cuestión de cada individuo procurar hacer realidad todos sus sueños, muchos empezaron desde cero, no tuvieron un centavo para emprender, se esforzaron por conseguir aliados, otros le prestaron dinero a familiares, amigos, conocidos y demás personas cercanas. Algunos empresarios fueron pobres, otros de clase media, y los demás tenían una vida cómoda, sin embargo, algo en común unió a estos grandes, sus ganas de cambiar sus vidas y ayudar a la humanidad.

Muchos de los empresarios tuvieron negativos, humillaciones e incluso burlas, otros sencillamente se sintieron menospreciados y subestimados, pero no se quedaron con los brazos cruzados viendo como otros llegaban al éxito, sino más bien se enfrascaron en realizar sus sueños más anhelados, ninguno de estos emprendedores ha sido perfecto, cada uno tiene una cualidad innata y única, además ninguno ha hecho lo mismo, cada uno ha realizado diferentes acciones para alcanzar el éxito, no obstante, siempre se repite lo siguiente: Nunca rendirse, mantener una excelente actitud, visualizar y ver el mundo con optimismo, prestar un excelente servicio al cliente, tener productos de alta calidad y sobre todo tratar bien a los empleados.

Pero, Musk es un hombre que muy pronto le demostrará al mundo la necesidad de cuidar el planeta a través de sus autos eléctricos o de llegar a diversos planetas en el espacio o también de usar la energía solar para mejorar la calidad del ambiente, Elon es la esperanza que tiene la humanidad para mantener la raza humana intacta en el futuro, no siempre este planeta existirá, llegará un día en que los seres humanos tendrán que marcharse y empezar de nuevo en otro astro. Con Musk de precursor para escudriñar el universo entero, habrá jóvenes genios que se inspirarán en este hombre para poder darle un poco de esperanza a una humanidad que crece exponencial-mente... Todas las generaciones recordarán su nombre, como uno de los billonarios que desearon salvar a la especie humana en un futuro inhóspito y misterioso.

CAPÍTULO CUATRO

LAS HABILIDADES DE ELON MUSK FRENTE AL FRACASO

La mayoría de personas han pasado tiempos difíciles, tiempos en las cuales la decepción se apodera de sus cuerpos, la tristeza inunda sus mentes, dándose el fracaso total. Son sentimientos muy comunes en el ser humano, que sin duda son lamentables. En este capítulo se abordará cómo las cualidades de Musk lo han ayudado a salir adelante a pesar de sus fracasos en sus negocios, en su vida personal y en sus propias emociones, descubriendo los secretos que oculta para salvar un fracaso y volverlo en un próspero negocio.

El fracaso es definido de muchas maneras, pero sin duda deja una huella negativa en cualquier persona, muchos tienden a renunciar en su primer intento, no aguantan un fracaso, sus egos son tan altos que tan solo fracasar es un síntoma de debilidad o de poco liderazgo e incluso de bajo rendimiento empresarial, pero todas estas afirmaciones son equivocadas, primero hay que entender qué es un fracaso, según la Real Academia Española, fracaso es: Malogro, resultado adverso de una empresa o negocio, suceso lastimoso, inopinado y funesto, caída o ruina de algo con estrépito y rompimiento. Y para algunos autores fracaso se refiere a lo siguiente:

Se conoce por fracaso al fallar, obtener un resultado desfavorable en una tarea emprendida. El fracaso es lo contrario al éxito, cuando alguien emprende alguna tarea puede triunfar o fracasar. Cuando emprendemos cualquier tarea los resultados pueden ser varios, el fracaso es uno de ellos. Si bien cuando decidimos hacer algo, nos esforzamos y tenemos esperanzas, el fracaso es siempre una realidad. Sin embargo, muchas personas creen que es algo inesperado o imprevisto cuando no lo es realmente. El resultado de cualquier empresa depende de una serie de variables como el trabajo hecho e incluso el azar. (Significados)

Por lo tanto, el fracaso es fallar en una meta o también obtener resultados desfavorables, esta palabra está asociada con la quiebra, en el contexto empresarial, un fracaso sucede cuando los ingresos no son capaces de sostener los funcionamientos de una empresa, ya sea en los costes y gastos de producción, el pago de nómina a los empleados o en las deudas financieras, desde el punto de vista contable un fracaso es cuando los activos son inferiores a los pasivos, dando una utilidad negativa que no tiene solución aparentemente.

En este proceso se conoce a los verdaderos emprendedores, muchos se han quedado en sus fracasos, perdiendo sus sueños y esperanzas, mientras que pocos son capaces de levantarse como un ave fénix de las cenizas, Musk es un claro ejemplo de perseverancia, de tenacidad y sobre todo de nunca rendirse ante las adversidades. Aunque el fracaso toque a tu puerta, debes entender que dejarte marchitar por el negativismo puede doblegarte a un estancamiento inminente. Por eso se ha dejado los fracasos de Elon Musk para lo último, porque el verdadero emprendedor se conoce cuando las cosas andan mal, es allí en donde la mente es capaz de salirse de ese shock indeciso y pasa a ser una mente innovadora, cuya realidad es adaptarse a los cambios. Es una mentira creer que al intentar una sola vez se obtiene el éxito, muchas personas creen que todos los billonarios del mundo tuvieron suerte o fueron exitosos en su primer intento, eso es totalmente falso, todos los hombres que han obtenido el éxito se han caído tantas veces, pero lo común en todos ellos, es que tuvieron la fortaleza para pararse y lavarse el rostro, por decirlo de alguna forma, y continuar o transformar su emprendimiento para alcanzar el éxito

Los fracasos de Musk

En los inicios de la empresa de Musk, llamada: SpaceX, ocurrieron muchos contratiempos que decepcionaban al emprendedor, tenía muchas ganas de realizar su primer lanzamiento de sus cohetes hacia el espacio, sus expectativas estaban conectadas con que aquel primer lanzamiento fuese un total éxito, ya que había trabajado tanto tiempo en hacer los prototipos y con su equipo haber construido dichos cohetes de manera rápida, sin embargo, su primer, segundo, tercer, cuarto y quinto lanzamiento fueron un total fracaso, los cohetes terminaron explotando, además las siguientes versiones de sus cohetes tenían problemas de aterrizaje. Sin embargo, hay algo curioso que tenía Musk, este hombre sabía perfectamente que sus inventos iban a fracasar, además de los comentarios negativos acerca de sus cohetes, Elon estaba preparado para ver fracasar todos sus lanzamientos experimentales, pero él tenía la intención de seguir intentando en su gran proyecto.

De tantos fracasos con sus cohetes, él aprendía constantemente y mejoraba sus versiones, el emprendedor no se quedaba llorando por la impotencia, sino más bien, reflexionaba de sus errores e intentaba mejorar más y más, su notable voluntad dio fruto, en septiembre de 2008, el cuarto Falcon 1 se convirtió en el primer cohete en entrar a la órbita. Con esto se puede entender la importancia de desarrollar una inquebrantable fe por creer en los propios ideales, también el aprendizaje y el crecimiento favorable al obtener un fracaso y convertirlo en una enseñanza para no repetir los mismos errores. Por otro lado, cuando los cohetes de Musk comenzaron a no dar el éxito esperado, entonces sus inversiones se estaban perdiendo y por lo tanto, la empresa estaba llegando a una quiebra inminente, Musk quería salvar su empresa como sea, no quería que muchos de sus sueños se fueran a perder, a pesar de su gran voluntad, tuvo la difícil decisión de despedir el diez por ciento de sus empleados, el emprendedor necesitaba elegir alguna opción para poder sacar de la futura quiebra a Space X, también tomó ciertas medidas prioritarias como recortes de gastos y controles con el flujo de efectivo, pero este hombre tenía un propósito importante, llevar a la humanidad a Marte, descabellado para muchos, pero posible para pocos, su proyecto tenía tanto peso que empresas poderosas vinculadas con el tema aeroespacial le ayudaron para salir de la crisis.

El peso de un proyecto radica en que las personas también puedan creer en eso, los socios y las relaciones interpersonales son sumamente importantes para sacar adelante un proyecto, nadie con actitudes egoístas puede salir adelante. Un emprendedor sabe perfectamente que mantener una buena relación y hacer alianzas estratégicas es un paso importante para obtener el éxito.

Además de SpaceX, su otra empresa importante Tesla también estaba a punto de quebrar, a pesar del éxito de sus autos eléctricos, su contabilidad daba números negativos, ya que su nuevo prodigio de auto el Model 3, tenía bastantes costes a la hora de su fabricación y más aún, el estrés por entregar miles de prototipos en buenas condiciones condujeron a una agonía financiera a la compañía, así como lo demuestran muchos artículos sobre el tema:

> El principal problema para la compañía, según ha relatado Musk, fue la necesidad de dinero para aumentar la producción de su nuevo 'Model 3'. La compañía arrojó un saldo negativo en el flujo de caja libre de cerca de 1.000 millones, en el primer trimestre. La firma no paraba de "quemar dinero, por lo que si no lo resolvíamos en un corto período de tiempo acabaríamos en la bancarrota". Una situación que fue "extremadamente complicada", apuntilló el magnate en declaraciones a la HBO. Musk admitió que la decisión de aumentar la producción para construir 5.000 vehículos y poder entregarlos en julio "fue un infierno". El alto volumen de fabricación

tensó el balance de la compañía hasta prácticamente el límite. También a los propios trabajadores de la compañía, como reconoció el fundador al afirmar que "la gente no debería trabajar tan duro". (Pedro Ruiz, 2018)

Musk tuvo una gran presión y a la vez un estrés insostenible, era común sentirse frustrado por no poder en solventar los niveles de producción por los problemas financieros de la empresa, sin embargo su inteligencia y audacia lo ayudó a poder cumplir con sus objetivos y a salvar a la empresa de una quiebra total, ¿cómo logró este triunfo Musk? Obviamente, trabajando profundamente, buscando soluciones y sobre todo tener la voluntad de hacer cosas magnificas.

Además de estos "casi fracasos", Musk también tuvo muchos errores y problemas en su proceso como emprendedor, en una ocasión fue rechazado por Netscape, ¡imagínate rechazar a Musk en tu empresa! Es algo impensable, a pesar de eso, Musk siguió adelante, demostrando que estar en una empresa y trabajar para otro no te hace exitoso, sino poder emprender algo propio y sacarlo adelante. Asimismo, también fue rechazado por Rusia, estos no quisieron venderle cohetes para mandar seres vivos hacia Marte, pero la desesperanza no lo hizo estancarse de los rechazos, al contrario tomó las fuerzas necesarias y fundó SpaceX.

También su primera idea de negocio del cual ahora es PayPal fue juzgada de manera negativa, nadie daba un centavo por esa empresa, hasta el punto de ser votada como una de las peores ideas de negocios en el mundo, sin embargo, PayPal actualmente es una de las mejores empresas del mercado financiero y sus acciones valen millones de dólares. Musk no se detuvo al contemplar los múltiples rechazos que le hacían muchas personas y mucho menos se afectaba al escuchar malos comentarios sobre sus negocios, al contrario, se transformó y se adaptó a las opciones que tenía, sin duda Musk usó el trabajo profundo, la dedicación, el sentido de propósito y sobre todo el enfoque para hacer realidad su meta, se levantó tantas veces del fracaso hasta el punto de obtener un buen puesto en la lista de los personajes más poderosos del mundo, es posible que en el futuro este emprendedor le dé a todos una gran sorpresa.

Fracasos sentimentales

Todos conocen la genialidad e innovación de Musk, pero en su proceso como emprendedor ha tenido una inestable vida sentimental. Elon conoció a su primera esposa, Justine Wilson, en la Universidad, él quedó encantado por la belleza y la personalidad de esta mujer, pero ella se fue a estudiar a otro lugar, por lo tanto, pasaron mucho tiempo desconectados. Años siguientes se reencontraron y Musk la empezó a cortejar, hasta que decidieron casarse en el año 2000. Perdieron un hijo por muerte súbita y luego tuvieron cinco hijos más, la pareja estaba en su mejor momento, el empresario estaba triunfando y la escritora, su esposa, se encontraba escribiendo su siguiente libro. Pero las mieles del amor no duraron mucho, Elon comenzó a salir con una actriz, divorciándose de su esposa y casándose posteriormente con la actriz, sin embargo, aquel matrimonio criticado y turbulento duró solamente dos años, luego regresaron otra vez, con el tiempo el magnate quería dejarla, pero se arrepintió, más tarde ella cortó definitivamente con la relación.

Después de tantos fracasos en su vida amorosa, este hombre decidió tener una relación con Amber Heard, exesposa de Johnny Depp, del cual duró menos de un año, la pareja se mantenía bastante distanciada, sus horarios eran inflexibles, literalmente sus trabajos no permitían que la enamorada pareja tuviesen momentos juntos, por lo tanto, decidieron cortar la relación. Desde allí a Musk se le ha hecho difícil estar solo, pero nunca ha permitido que sus emociones lo distraigan de su meta real de cambiar el mundo, con esto se puede comprender que un emprendedor no puede enredar su vida amorosa con su trabajo, porque si alguien se deja afectar por su vida personal, entonces es muy seguro que hará las cosas mal y fracasará en su trabajo.

Musk es un personaje innovador, su vida es un ejemplo claro de superación, es un ejemplo de llevar los sueños hasta un límite máximo de innovación. Muchas veces se ha caído y se ha parado, intenta e innova, aprende de los errores y se adapta rápido, mejora sus fracasos, no permite que los malos comentarios lo afecten, su sentido de propósito es clara, sabe lo que quiere y sobre todo se enfoca y concentra al máximo. Elon Musk es la única esperanza para ver a la humanidad habitando en otros planetas, prevaleciendo la voluntad de cambiar de forma radical este mundo con sed de nuevos inventos.

Algunas de las cinco frases más interesantes de este emprendedor se reúnen a continuación:

Creo que hay mucho potencial si tienes un producto interesante y la gente está dispuesta a pagar mucho dinero por éste. Creo que eso es lo que ha mostrado Apple. Puedes comprar un smartphone o un computador mucho más barato, pero los productos de Apple son mucho mejores que la alternativa, así que hay personas dispuestas a pagar un poco más.

Siempre tengo optimismo, pero soy realista. No es con la expectativa de un gran éxito que comencé con Tesla o SpaceX. Solamente pensé que eran lo suficiente importantes para hacerlo de todas formas.

Hay dos cosas que deben ocurrir para que las nuevas tecnologías sean costeables para un uso masivo. La primera es la economía de escala. La otra es la necesidad de revisar constantemente el diseño. Es necesario tener diferentes versiones.

Es un error contratar a un gran número de personas para resolver un trabajo complejo. La cantidad nunca compensará el talento al momento de tener la respuesta correcta (dos personas que no saben algo no son mejores que una), solamente tenderán a ralentizar el proceso y hacer la tarea increíblemente costosa.

Trabaja muchísimo. Osea, debes poner de 80 a 100 horas cada semana. Esto aumenta tus posibilidades de éxito. Si el resto de las personas solamente están invirtiendo 40 horas semanales de su tiempo y tú estás tomando 100, es posible que aunque estés haciendo exactamente lo mismo, podrás alcanzar tu meta en 4 meses y no en 1 año como les tomará a ellos.

Conclusiones

La vida nos ha dado la esperanza de encontrarnos con seres humanos con prodigiosos talentos, estos hombres han sido capaces de mejorar la calidad de vida de muchas personas, desde el pasado hemos visto personajes que han trascendido más allá de simples ideas, volvieron realidad sus más entrañables sueños, hasta el punto de impactar de forma genuina la vida de los demás.

Uno de estos hombres ha sido Elon Musk, un empresario que ha visualizado el futuro de la humanidad, este personaje nacido en los Estado Unidos es una prueba contundente de lo importante que es soñar y realizar todos nuestros sueños, a pesar de tener una vida imperfecta, ya que sus padres se separaron, y su vida en la escuela era un infierno, sus compañeros le hacían bullying, además Musk se encontraba luchando contra un vacío emocional y existencial, auspiciado por autores como Friedrich Nietzsche y Schopenhauer. A pesar de eso este empresario siguió adelante, sus cualidades como tener una visión empresarial lo ayudaron a indagar sobre su camino, también a visualizar el futuro y la viabilidad de un proyecto, guiándose de forma estratégica hacia la victoria y el éxito.

Por eso, este hombre decidió seguir sus ilusiones, creando a SpaceX, a Tesla Motors y a Solar City, compañías dispuestas a cambiar la vida de la gente, y sobre todo a cuidar el planeta, con estos grandes emprendimientos nos queda claro que no todo es el dinero, sino más bien, la notable voluntad de mejorar el entorno, de observar las necesidades de un mundo corrompido por la corrupción, es dar nuestro granito de arena para hacer un mundo mejor, Musk sabe esto, y por eso ha dedicado toda su vida a volver aquello realidad.

Elon Musk nos ofrece las herramientas necesarias para ser un excelente emprendedor, todo comienza con una idea innovadora, para dar paso a un invento o producto destinado a ser un éxito, pero esto se logra sabiendo controlar de manera estratégica el tiempo, dedicándole la atención a una sola tarea, dándole el cien por ciento a sus proyectos, no obstante, para hacer un sueño realidad el dinero es un arma importante, ya que si no hay efectivo es complicado sacar adelante un determinado emprendimiento, Musk sabía todo eso, por este motivo decidió crear lazos con compañías importantes, buscando socios potenciales, haciendo que los demás creyesen en sus ideas innovadoras. Sin embargo, Musk tenía algo que lo impulsaba a querer continuar con sus ideales, esto era el sentido de propósito, del cual le da hasta el día de hoy la fuerza y la razón para cambiar el mundo, teniendo un altruismo humanitario por la comunidad, Musk nos enseña el verdadero camino hacia el éxito, también a hacer las cosas de corazón y por pasión, además de trabajar profundamente en cualquier proyecto.

Elon nos enseña el valor de la concentración, como un arma crucial para potenciar nuestra productividad, comprendiendo el valor real de un excelente enfoque en una sola tarea determinada, esto nos llena el espíritu para soñar con cosas nuevas y volver realidad cualquier meta, soñar en grande transforma nuestra vida a una existencia innovadora, pero para eso, es indispensable tener un fuente de información verídica, por eso Musk se enfocó demasiado con el "Deep Work", del cual Newport en su libro con el mismo título nos da las claves para poder triunfar con nuestra productividad, ya sea hacer una sola tarea, practicar la meditación e incluso liberarnos de las redes sociales, todos estos consejos nos sirven para ser grandes empresarios en el mañana.

Todas las historias de los empresarios más grandes del mundo nos han enseñado a nunca rendirnos a pesar de los fracasos, muchos fueron expulsados de sus propias empresas, otros hicieron negocios que quebraron, sin embargo, nos enseñan que la perseverancia es la clave del éxito, y la innovación es el camino hacia el triunfo, estos empresarios nos dan una esperanza: *Los mismos sueños se pueden volver realidad...* Hasta Musk fracasó tantas veces, pero su meta es dejar un legado para las nuevas generaciones, si deseamos cambiar nuestro mundo, debemos ponernos en acción, creer en nuestras ideas y sobre todo movernos en un mundo exigente.

Elon es la esperanza que tiene la humanidad para mantener la raza humana en el futuro, no siempre este planeta existirá, llegará un día en que los seres humanos tendrán que marcharse y empezar de nuevo en otro astro. Con Musk de precursor para escudriñar el universo entero, habrá jóvenes genios que se inspirarán en este hombre para poder darle un poco de esperanza a una humanidad que crece exponencialmente... Todas las generaciones recordarán su nombre, como uno de los billonarios que desearon salvar a la especie humana de un futuro inhóspito y misterioso. ¡Tú también puedes ser un gran empresario! ¡Solo cree en ti!

"Nunca dejes de soñar", "Cree en tus sueños y nunca permitas que nadie te los quite" "Aprende del efecto Musk: Innova, crea alianzas, salva el planeta y concéntrate al máximo".

BIBLIOGRAFIA

del Moral, M. (2017, marzo 11). Vida y obra de Elon Musk, el soñador que ya cambió al mundo. Recuperado de https://www.infobae.-com/tendencias/2017/03/11/vida-y-obra-de-elon-musk-el-sonador-que-ya-cambio-al-mundo/

GestiÓN, R. (2018, octubre 22). Elon Musk: Biografía del ingeniero, físico y empresario sudafricano, uno de los hombres más ricos del planeta. Recuperado de https://gestion.pe/mundo/internacional/elon-musk-biografia-historia-paypal-spacex-millonario-fortuna-edad-pais-telsa-motors-solar-city-bio-perfil-nnda-nnda-243104-noticia/?ref=gesr

García, I. (2018, noviembre 30). La incógnita de Elon Musk: ¿quién es el hombre que quiere salvar al mundo? Recuperado de https://www.-lavanguardia.com/tecnologia/actualidad/20181107/452762673137/tesla-steve-jobs-elon-musk-humanidad-conspiracion.html

Rafaela Purtan, A. (2016). *Nietzsche y Schopenhauer a ojos de Valle-Inclán*. Recuperado de file:///C:/Users/usuario/Downloads/Nietzs-che_y_Schopenhauer_a_ojos_de_Valle.pdf

Emprendedores, R. (2013, agosto 22). Entrevista con Elon Musk, cofundador y CEO de Tesla. Recuperado de https://www.emprendedores.es/casos-de-exito/a42346/elon-musk-cofundador-y-ceo-de-tesla/#

S. (2017, octubre 30). Significado de Concentración. Recuperado de https://www.significados.com/concentracion/

Inevitable. (2018, enero 1). Los 8 principios de Elon Musk. Recuperado de https://inevitablementeexitoso.blogspot.com/2017/04/los-8-principios-de-elon-musk.html

Héctor Chamizo, Redacciónde Estrategias de inversión. (2015, julio 21). Las frases de Warren Buffett más célebres. Recuperado de https://www.estrategiasdeinversion.com/analisis/bolsa-y-mercados/acciones-para-invertir/las-frases-de-warren-buffett-mas-celebres-n-283256

Álvarez, I. (2018, mayo 28). Los 7 grandes errores de Warren Buffett. Recuperado de https://forbes.es/emprendedores/8255/los-7-grandes-errores-de-warren-buffett/4/

Peralta, N. (2019, abril 24). [Biografía] Warren Buffett, el inversor más rico del mundo. Recuperado de https://tentulogo.com/warren-buffett-inversor-mas-rico-del-mundo/

Ruiz, P. (2018, noviembre 27). Elon Musk reconoce que Tesla estuvo al borde de la bancarrota a principios de año. Recuperado de https://www.lainformacion.com/mercados-y-bolsas/musk-tesla-model-3-bancarrota/6443831/

RT en Español. (2019, enero 12). «Una decisión difícil, aunque necesaria»: SpaceX despide a un 10% de su plantilla. Recuperado de https://actualidad.rt.com/actualidad/301806-spacex-planear-despedir-10-ciento-plantilla

A. (2016, septiembre 9). Biografía de John Mackey. Recuperado de https://inversian.com/biografia-john-mackey/

Euronews. (2005, octubre 28). Narayana Murthy, presidente de Infosys: «Si Europa abre sus fronteras, añadiremos valor a sus empresas». Recuperado de https://es.euronews.com/2005/10/28/narayana-murthy-presidente-de-infosys-si-europa-abre-sus-fronteras-anadiremos-valor-a-sus-empresas

eIndustria.com, M. Q. / /. (2020, abril 13). Biografía de Herb Kelleher, el padre de los viajes en avión a bajo costo | QuimiNet.com. Recuperado de https://www.quiminet.com/articulos/biografia-de-herb-kelleher-el-padre-de-los-viajes-en-avion-a-bajo-costo-4375485.htm

Torres, B. (2019, mayo 23). [Biografía] Mark Zuckerberg, el prodigio de la nueva era comunicacional. Recuperado de https://tentulogo.com/mark-zuckerberg-prodigio-la-nueva-comunicacional/

Diaz, J. (2016, diciembre 12). Los 13 emprendedores más importantes de la historia moderna. Recuperado de https://www.negociosyemprendimiento.org/2012/03/los-12-emprendedores-mas-importantes-de.html

Consultores, 4. (2018, junio 23). Biografía de Howard Schultz. Recuperado de http://www.4consultores.com.co/2017/07/31/biografia-de-howard-schultz/

Barrientos, J. A. (2019, enero 26). El mito de la multitarea no es tan bueno como lo pintan. Recuperado de https://www.eltiempo.com/salud/problemas-que-genera-la-multitarea-o-multitasking-en-los-empleados-319532

A. (2019, mayo 15). Secretos de Elon Musk: Como aumentar tu productividad. Recuperado de http://necesitoempleo.-

net/2019/05/03/secretos-de-elon-musk-como-aumentar-tu-produc-
tividad/

www.ingramcontent.com/pod-product-compliance
Lightning Source LLC
Chambersburg PA
CBHW020547220526
45463CB00006B/2225